U0015411

# 反動的修辭

2021年新版

## 悖謬論、無效論、危害論

# The Rhetoric of Reaction

阿爾伯特‧赫緒曼————著　　吳介民————譯
Albert O. Hirschman

獻給莎拉
五十年來一直最先
閱讀、評論我的作品

上｜赫緒曼在高等研究院的研究室，背後書架上的書是他著作的各國譯本，
　　右上角是《反動的修辭》中文譯本第一版。（二〇〇二年，攝影：廖美）
對頁｜赫緒曼在《反動的修辭》中文譯本第一版上，給譯者的簽名。

# 赫緒曼其人其書

吳乃德

　　本書作者赫緒曼教授是當代最傑出的社會科學家和思想家。他最重要的著作應該是《叛離、抗議與忠誠》。*該書早就成為社會科學的現代經典，啟發許多不同的學科；書名也成為社會科學的術語。和赫緒曼大多數的著作一樣，該書簡明易懂、輕薄短小；可是卻承載極重的想像力和洞察力。赫緒曼著作一貫的特點，除了簡短、易懂，從不賣弄或使用艱深抽象、同時也空洞的大詞彙之外，更重要的是永遠以令人意想不到的新角度和新視野，來回答重要的老問題。他的許多著作都展現：一般的常識如果加上足夠的想像力，竟然可以深入社會現象的核心。從這個角度看，他的論述比較像是藝術；只是其所提供的，是知性的美感和想像力。這也是為何大多數的社會科學著作，不論曾經多麼風光，都僅能流行於一時；而赫緒曼的幾乎每一本書都在二、三十年後重新再版，歷久彌新。他的傳記《入世的哲學家》也已於二〇一三

---

* 編按：繁體中譯本已於二〇一八年由商周出版。

年由普林斯頓大學出版；對學者而言，這是非常難得的殊榮和肯定。《反動的修辭》中譯本的出版，對台灣政治學的發展也有重要的意義。台灣政治學所遭遇的危機，並不適合在這裡討論。不過，本書的出版至少可以對一般大眾、學生、以及未來的政治學者展現：被政治學先驅稱為「關於政治的崇高科學」的這門學科，可能蘊含多麼豐富的人文價值，可能具有多大發揮想像力的空間，可能為心靈帶來多大的愉悅；同時更重要的，和我們的政治生活、我們的處境又可能有多密切的相關。

　　欲了解赫緒曼為什麼不會像大多數的政治學者那樣，以技術性的專業來包裝言不及義，我們或許應該先了解他的生平和經歷。其中最感人的應該是他於第二次世界大戰期間在法國馬賽所參與的一段歷史事件。這個事件起源於一位叫做弗萊（Varian Fry）的美國年輕記者。弗萊的家世良好，私立中學畢業後進入哈佛大學主修古典文學、哲學和歷史。這種教育背景的青年當時通常是進入政府部門，成為職業外交官。可是他卻選擇新聞記者的行業。一九四〇年六月，希特勒佔領法國不久，弗萊在家裡舉行一個募款餐會，為德國社會民主黨和工會領袖籌募逃難費用。當時已逃到美國的德國作家湯瑪斯·曼的女兒埃莉卡也參加了餐會。她指出：不只是左派人士，當時逃難到法國的猶太作家、知識份子、和藝術家，都同樣有遭受迫害的危險。經過熱烈的討論，「緊急救援委員會」在當天成立；任務是幫助滯留法國的德國猶太

知識份子離開歐洲。委員會成立之後，經費也募到了一些。可是卻一直無法找到適當的人到法國從事這項工作。於是弗萊志願承擔。委員會原先收集、準備救援的名單只有數百人。可是由於弗萊與同志們的努力，在美國政府和駐外單位故意杯葛和阻擾的情況下，他們最終還是救出了兩千多人免於人類的浩劫。其中不乏知名人物，如政治哲學家鄂蘭夫婦和藝術家夏嘎等。

弗萊有一位年輕的同事，特別令他印象深刻。他於一九四五年出版這項救援工作的回憶錄《無條件引渡》，在書中他寫道，

在法國首先為我工作的是綽號「快活」的年輕人——一位來自德國的政治難民。他非常聰明，天性善良，個性令人愉悅……「快活」為我工作之前早就具有豐富的地下工作經驗。儘管只有二十五歲，他已經是反法西斯主義的老兵了。他在西班牙內戰中參加共和軍，然後又到法國志願參加陸軍……

「快活」在很短的時間內成為非法活動的專家。當捷克護照無法再使用的時候，他立刻開發出另一個假護照的來源。當我帶來的經費用光的時候，他馬上找到將美金匯入法國的秘密管道。當逃難者不能再利用火車離開，邊境偷渡所需的沿途接待工作，也是他組織起來的。

後來這位年輕人成為納粹搜捕的對象，被迫離開法國之後，弗萊寫道，

> 自從他離開之後，我尤其感到寂寞。我突然發現我多麼依賴他；不只依賴他解決最棘手的問題，而且也依賴他的陪伴。在法國，只有他一個人真正知道我在做什麼，我為什麼要這樣做。自從他離開以後，我就完全孤獨了。我感到前所未有的寂寞。

這個有機會先逃難卻留下來幫助別人的年輕人，就是本書作者，後來成為當代最有想像力、洞察力、和原創力的社會科學家。許多傑出的社會科學家在年輕時候，都有政治參與的經驗；他們的研究也多受到這個經驗的啟發和推動。可是如赫緒曼那樣不惜以生命為代價，參與對抗邪惡的鬥爭，應該是絕無僅有。

正如弗萊所說的，赫緒曼在馬賽從事救援工作之前，就曾經在西班牙參加過內戰。他於一九三五年獲得倫敦政經學院的獎學金到英國唸書。次年西班牙內戰爆發。他後來回憶說，「雖然我也很想唸書，可是我同時也認知到：法西斯主義正在蔓延。我沒辦法只是坐在那邊旁觀，什麼事都不做。」他晚年回憶馬賽的救援工作時說道，「這個工作實在非常得耗人，而且也經常面臨危險。身處危險卻永遠令人興奮，也令人難忘。」

此種為價值理念付出而來的「危險的興奮」，是一般社會科學家所無法感受到的；其中有些甚至不承認有這個道德世界的存在。或許了解他這些經歷，我們才能理解：雖然他從不討論倫理問題，而且以經濟學開始他的學術生涯，可是卻對社會科學界所流行的「理性選擇」理論，在知識上和道德上都頗為輕視。該理論以人類追求自私利益的極大化為前提假設，來解釋人類的社會行為。赫緒曼在《對希望的偏情》一書中談到該理論的時候說，人為什麼經常會有堅持參加示威遊行、甚至捐錢給候選人的「奇怪行為」，即使明知其微小貢獻對公共政策幾乎毫無影響？這是因為參與行動並不是一項代價，而是一個收穫；「因為參與一個運動以實現一項公共政策，是僅次於真正獲得那項公共政策的最美妙的事。」赫緒曼所說的此種「追求的快樂」，正是崇尚理性選擇理論的社會科學家所無法理解的。諷刺的是，理性選擇理論的經典名著《集體行動的邏輯》，卻是在社會運動風起雲湧的六〇年代大為流行。光是一九六三年，一千位就讀於長春藤盟校、來自中上家庭的白人學生，冒著生命危險到南方參加黑人民權運動的「自由之夏」事件，就足以顯示從理性選擇的觀點來解釋集體行動，距離事實是多麼地遙遠（其中有三名大學生確實也遭種族主義者謀殺，包括一位就讀於哈佛的學生）。赫緒曼認為，理性選擇理論其實是敵視社會運動、或不願為公共利益和道德理念付出的學者，為自己所提供的感情避風港。

　　赫緒曼在他另一本討論近代思想的經典名著《激情與利益》中，提到一個猶太的古老故事。波蘭古都克拉科的一個猶太教士，有一天在講道的時候忽然說，他的通天眼讓他看到兩百里外的華沙的一個著名教士，就在當時突然過世。這麼厲害的視野讓他的信徒非常折服。不久之後，到華沙旅行的信徒發現，那位被看到已經過世的教士其實活得好好的。信徒回來之後開始質疑教士的通天眼能力，可是教士的徒弟卻如此為教士辯護：雖然與事實不符，「可是那畢竟是一個了不起的視野！」每次我看到以理性選擇理論來解釋政治和社會行為的論文，特別是理性選擇理論所發展出來的複雜模型，都會想起這個故事：畢竟是一個了不起的模型！

　　除了親身的經歷，赫緒曼從小在德國接受古典希臘文學、哲學、歷史、宗教等人文訓練；長大後成為杜斯妥也夫斯基、湯瑪斯‧曼、尼采、歌德、卡繆的愛好者。赫緒曼對人性和人的靈魂似有深入的領悟。他強調，社會科學必須從理解人類的特殊處境開始：人處於人性的兩種「複雜」，以及社會生活所帶來的兩項「緊張」中。人性動機是複雜的；人同時也經常不斷地以倫理價值來評價自我。而工具性動機和和非工具性動機之間的緊張，自我利益和群體利益、公共道德之間的緊張，這兩項緊張都是人類永遠無法解決的難題。除此之外，我個人傾向於認為：人較常面臨的處境，倒非在不等值的利益單位間做行動的抉擇；而是長久處於屈辱、乏味、和挫折的時候，雖然在理性上認知到脫離的可能

性，可是卻因各種我們無法確知的原因，而寧願選擇不行動、繼續忍受折磨。正如赫緒曼說的，對人類處境的這種理解不過是社會科學研究的開始而已。

理性考慮當然是人類行為的重要動機之一。用理性選擇理論來解釋人類行為，有其強力的一面。可是只看到人類行為的理性面，而忽略了其價值面和道德面，將使得我們的解釋殘缺不全。更嚴重的是，將使我們無能處理較重要的政治行為和政治現象；因為推動這些行為和現象的，大多是人類的價值理念和道德動機。理性選擇對政治行為固有其解釋力，可是卻只能解釋那些較瑣碎、較浮面的行為。理性選擇理論在社會科學界的流行，導致了政治學研究變得愈來愈繁瑣，愈來愈沒有想像力和生命力，也愈來愈無法吸引活潑的心靈投入這項工作。

赫緒曼作品中一個重要特質，或許是來自他的政治經歷和古典訓練：他從不討論社會現象或人類行為的「普遍性通則」。社會科學要解釋的是人類行為、以及因複雜動機而導致的歧異社會現象。最吸引他的是人類行為（或人心）的諸種可能性；而非其普同的一般性和規律性。赫緒曼的學術生涯歷經經濟發展學者和政治學者兩個不同的階段，其著作也涵蓋相當廣泛的主題。可是領域和主題或有不同，卻都帶有此種一貫的風格：呈現了人類行為的諸種可能性，而非一般稱之為「理論」的尋常規律性。例如，當討論國際貿易的時候，他不是強調貿易交換的相對利益，而是強國和較為依

賴貿易關係的弱國，兩者的貿易如何形成強國對弱國的政治宰制（《國力與外貿結構》）。當討論經濟發展策略的時候，他不會皈依主流經濟學理論，強調資源和資本的有效配置及「均衡的發展」，而是強調以何種特殊的機制（甚至包括「不均衡的發展」），來誘發出發展中國家潛藏的技術和經營管理等人力資源（《經濟發展策略》）。當分析組織──公司、學校、政黨、國家等一切組織──為何衰敗的時候，他不是討論外部環境和市場的「競爭」，而是分析組織內部成員面對組織衰敗的不同態度和作為，如何對組織的健全或衰亡造成不同的結果（《叛離、抗議與忠誠》）。解釋社會運動的消退，他不是從意識形態的變遷出發，而是從一個最簡單、最常識性的現象和概念：對公共參與的「失望」（《涉身場域的交替》）。他的著作永遠不會讓讀者感到無趣。閱讀他的著作，讀者也絕不會像閱讀許多大師的著作那樣，因不知所云而感到挫折，甚至因而懷疑自己的智商。台灣的出版商似乎偏愛此類大師的著作。事實上，真正對人類文明有貢獻的偉大人文作品，都是一般人可以理解的。數千年來的人文傳統是：大師為尋常人寫作；二十世紀後期的一個特殊現象則是：尋常人因寫作而成為大師。

本書和赫緒曼其他所有的著作一樣，帶領讀者進入一個經常令人意外的知識領域。欲漫遊於這個讓心智豐腴的地域，讀者不需要具備特殊才藝，僅需要常識和關心。本書的主要關心是：社會發展過程中，人類在知識和理念上所進行

的鬥爭。近代世界的基本面貌（如民主體制和社會福利），形塑於過去兩百年的歷史進展。這兩百年來，面對進步性的運動（包括法國大革命所揭示的公民理念、普遍公民權的民主化、以及社會福利），保守主義者用什麼樣的理念來為其反動辯護？在赫緒曼的分析中，歷史上這些反進步思想所攻擊的目標雖然不同，有些針對民主政治、有些則針對社會福利，可是都包含著三種共同的論證結構：「悖謬論」、「無效論」和「危害論」。「悖謬論」的論點是：由於世界的複雜、或人類知識的限制，改革只會帶來和目標完全相反的惡果。「無效論」的論點是：社會發展自有其邏輯，人類的改革措施不能帶來任何改變。「危害論」的論點則是：改革雖然可能是好的，可是卻會摧毀其他更重要的價值。赫緒曼寫作本書的主要動機是，對抗八〇年代美國新右派思潮對社會福利制度的攻擊。「悖謬論」宣稱：社會福利只會帶來更多的窮人和更大的貧困。「無效論」則認為：社會福利並不能帶來任何改變；貧困是人類社會必有的現象，人為的努力無法加以消除。而「危害論」則辯稱：社會福利會摧毀其他更重要的價值，如個人自由。反動思想對民主政治的攻擊，也包含類似的三種論點。

　　雖然反動論述都同時包含這些共同主題，可是針對不同的進步運動，某些主題受到特別的偏愛。例如針對法國大革命，反動論述的主軸是「悖謬論」：推翻帝制的大革命所帶來的不是平等和自由，而是更殘酷的政治壓迫。針對普及公

民權的運動，反動論述最常使用的論點是「危害論」和「無效論」：群眾民主和自由不相容；人類政治生活的本質是少數菁英統治，民主化並不能改變這個現象。為了攻擊社會福利制度，「悖謬論」重新獲得重視：消除貧窮的努力只會創造更多的貧窮；政府的救濟措施取代傳統的家庭制度，導致對政府的更大依賴。「悖謬論」似乎是反動論述最常被使用的主題。

　　赫緒曼在這本書中並非只討論反動論述的基本結構，他同時也討論了進步思潮的類似錯誤。當反動派的「危害論」認為人類的某些價值是不相容的，進步派則傾向於認為：所有好的價值都能相輔相成，所有的理念都可以成功地同時具現。當反動派的「無效論」認為人不能改變社會運作和歷史進程，進步派傾向於認為：歷史毫無疑問地是站在他們那一邊；他們掌握了歷史的潮流和社會進步的方向。赫緒曼認為他寫作本書的目的，並不全在批判反動思想，而是在指出兩個立場的人都犯了此種思想的惰性和硬性。此種知識思想上的不妥協性，顯然不利於民主的政治生活。

　　赫緒曼對反動論述的論證結構之分析確實精彩。民主的政治過程雖然免不了受到一些非理性因素的影響，可是不論是在政治菁英的言行中，或一般公民的接收、認知、和判斷中，公共論述仍然扮演一定的重要角色。檢查、分析這些論述的基本結構，了解它們的限制和謬誤，並做出我們的評價和選擇，正是公民最重要的知識訓練和政治能力。本書中譯

的出版，對台灣的學術界和民主發展，都應有重要的貢獻。

可是在閱讀本書的時候，我們也應提醒自己一個重要的問題：呈現一個論點的基本結構是一回事，證明這個論點的錯誤，則是另一回事。本書所遭遇的最大批評正是：它只分析了「反動論述」的結構，可是並沒有證明這些論述是錯誤的。以最常被使用的「悖謬論」為例，改革經常帶來相反的結果，這個論點真的永遠是錯誤的嗎？以我們所熟知的社會主義革命為例，它試圖摧毀經濟上的不平等，卻帶來更不合理的不平等；它的平等理念同時也摧毀了自由、甚至人倫。崇高的理想卻帶來恐怖的夢魘。「悖謬論」在思想史上最常被使用、或被「提醒」，也許並非沒有道理。人類社會的改革確實經常帶來相反的結果。我們需要的不是抗拒改革，然而也不是完全忽略改革可能帶來的惡果。留意及分析改革可能的惡果，正是社會科學的重要工作之一。

# 赫緒曼的學術關懷 *

廖美

　　巴西前總統卡多索（Fernando Henrique Silva Cardoso）在將近三百頁的回憶錄《意外的巴西總統》**中，用三頁的篇幅，提及七〇年代中期與赫緒曼在巴西首都巴西利亞參加學術會議，隔日，邀請赫緒曼到幾小時車程外的老家一日遊的軼事。在這個敘述裡，卡多索用印象主義式的淡彩，把赫緒曼放在他人生重要轉折時刻的背景中。現在，我要用表現主義式的重彩，為讀者把赫緒曼帶到眼前來。

　　巴西在六〇年代為加速內地開發，把首都從里約熱內盧遷到中部內陸的巴西利亞。這個城市乃「無中生有」，後進開發的結果，有著當時最大膽和最現代的建築設計。如果世居老城的巴西人來到巴西利亞，看到那裡的地景，會以為到

---

* 原刊載於《思想》第八期（二〇〇八年一月），頁一八一至一九四。本文於二〇一三年一月大幅增補修訂。

** 台灣中譯為《巴西，如斯壯麗》與原題── *The Accidental President of Brazil: A Memoir* ──很有距離。卡多索應想表達，之所以成為總統，不在他原初的人生規劃裡，因意外和因緣際會，才走上從政之路，甚至參選總統。

了外太空。開完會隔天一早，卡多索開車載著赫緒曼夫婦離開巴西利亞，幾小時後，他們從外太空，降落在保有十八世紀巴洛克建築的城鎮，隨步參觀地方首長官邸的長廊，其中仍懸掛著卡多索曾祖父的畫像。接著，他們在鄉間道路顛簸幾小時後，倒回十七世紀，來到卡多索遠親的農場：在一片廣袤、樹木稀疏的貧瘠土地上，散落一些牲畜。當天恰巧是星期日，附近親戚齊來農場相聚，一大群人擠在一間簡陋的農舍，因為農舍太小，甚至把廚房設在室外。

已是午飯時間。卡多索盤算：是不是應該加速開回巴西利亞，才能給赫緒曼一頓像樣的午餐？就在此刻，他聽到赫緒曼興奮地尖叫：

「我的天！這是什麼？」

就在一張歪斜而且桌面扭曲不平的老桌子上，曖曖含光地，躺著最新一期的《紐約書評》。赫緒曼慎重地拿起那份《紐約書評》，像在沙漠中發現綠洲的旅人，飢渴地翻閱著。

原來，一位卡多索遠親，剛從蘇聯回到巴西，他在紐約轉機時，買了當期的《紐約書評》。他鄉遇知音。那天下午，在一個幾近原始的農場，卡多索旁觀赫緒曼如稚子般、雀躍地和遠房兄弟熱烈地談論蘇聯的政治和法國的文學。

這個軼事，讓卡多索體會到巴西的多元和可能性，在軍政威權時期，覺得沒有出路的惶惑時刻，引導他走向從政的

志業。相對於卡多索的人生轉捩點，這個事例，只是赫緒曼在拉丁美洲國家進行諸多「田野觀察」，發現人的可能潛力，一個小插曲。

・・・

約莫十年後，在一九八六年，赫緒曼於《紐約書評》發表一篇評論，題為〈論拉丁美洲的民主〉。文章出版當下，拉美國家陸續脫離軍事統治，邁向新的民主政治擘劃。赫緒曼在文章中強調，缺乏對新訊息和對別人意見的開放態度，會是民主運作的真正危機。他寫道：

> 許多文化——包括我所認識的大部分拉丁美洲國家幾乎對每件事都有強烈意見，並且以贏取爭論為最高價值，而不是傾聽和發現別人身上偶爾也可以學到一些東西。就這個意義來說，這樣的文化是導向威權的政治，而不是民主的政治。

持續關注拉美問題三十多年，當拉美有機會再度站在民主鞏固的關卡，赫緒曼亟思貢獻自己的洞察；尤其看到新形態的動員和具有戰鬥力的團體，在拉美一一出現，例如阿根廷的人權組織和巴西由天主教推動的社區草根運動。赫緒曼認為，在蓬勃的社會氣氛中，最應提倡容忍和開放的民主價值。開放和容忍的態度，不只用於政治過程的討論，也應在

團體和個人中，把它變成每日的行為方式。

　　另外，要接受「不確定性」是民主的必經歷程，不必急於做出特定計劃，從而全然排除其他計劃，以為某類計劃可帶來長治久安，完美解決國家問題。誠如赫緒曼在文中所言：「關於某計劃能否施行，要接受其不確定性，這是很重要的民主美德：如果與實施特定計劃和改革相比，我必須給民主更高的評價。」

　　在什麼情況下，「喜愛不確定性」的民主美德，有其存在空間？赫緒曼認為，最基本的要求是公民必須具備一定耐心。例如在民主國家，即便競爭兩黨提出不相上下的主張，一旦選舉落敗，就必須耐心等待下次機會，而非透過政變、組織游擊隊、或革命等方式奪權。

・・・

　　又過了十五年。二〇〇一年，我與本書譯者吳介民到高等研究院拜訪赫緒曼。天南地北聊過，也問及赫緒曼對卡多索任職總統的看法。赫緒曼微笑不語。那時，卡多索連任第三年，雖然首任執政表現亮眼，但因政策採取快速的自由化和私有化，加上亞洲金融危機的餘震，造成國債高築，通膨嚴重。隔年，魯拉（Luiz Inácio Lula da Silva）擊敗卡多索所支持的繼任者，贏得選舉。

　　回想，連著兩個夏天造訪赫緒曼。第一次面對面，他年屆八十六，離出版《反動的修辭》一書，已有十年。當時，

赫緒曼，自畫像。
（二〇〇二年，油畫。翻拍：廖美）

發現他把研究室變畫室，畫作羅列有序地散置在辦公室的窗
台和牆邊，用水彩也用油彩。第二年再去，他的畫風明顯遞
變，從寫實、轉印象、也繪抽象。其中有完作的油彩自畫像
一幅，眉宇緊蹙，兩眼聚焦在不同位置的遠方，陷入深思。
赫緒曼的學生說過一個小故事：在一個教授與學生聚會的
場合，有學生請教赫緒曼，怎樣可以培養跨領域的學術能
力？赫緒曼不假思索地說：「最好的跨領域都在一個屋頂下
完成。」然後，他指著自己的頭殼。看著赫緒曼的自畫像，
讓人對他頭殼下廣涵的智識，充滿遐思。

當時坐在沙發談天，看到茶几上堆疊幾本從圖書館借來的畫冊，其中有康丁斯基的專本。我好奇地問：

「沒聽過你們研究院有藝術學門？」
「這都是我請圖書館買的。」赫緒曼說。
「就你一個人看？」
「應該吧！」
「跟去年我來拜訪時相較，你的畫風開始轉向了？這裡，有康丁斯基的畫冊，你讀過他寫的《關於藝術的精神》一書嗎？」

赫緒曼當時眼睛閃亮，充滿喜悅地說：「當然！那本書是繪畫史上的重要作品，它為抽象繪畫的奠立找到關鍵概念。」

● ● ●

一九六七年赫緒曼在智利，彼時左右鬥爭激烈。赫緒曼的智利友人催促他寫有關拉丁美洲「發展障礙」的分析，因為當時的觀點（或者到現在都是）認為有些基本的、結構性的障礙，讓拉丁美洲國家很難改變。赫緒曼當下決定，他絕對不寫變遷的障礙，而要寫認知的障礙。不是外在條件的阻攔讓改變不可能，而是想像的貧乏讓實踐的選項不存在。文章完成後，他把標題定為〈低度發展、變遷認知的障礙和領

導能力〉。這篇文章的切入點，讓我們看到赫緒曼的取向是在找以人為主體的關鍵概念，而不是歸諸於不可變的結構因素。

二〇〇六年，赫緒曼為他人的新書《幫助人們幫助他們自己》撰寫〈前言〉\*，他重述作者引杜威的話作開場：

> 如果可能，最好幫助他人的方式是不直接的，而且從改變他人的生活情況和基本維生水平做起，這樣才能讓人們獨立地自己幫助自己。

在這本書裡，作者艾勒曼用赫緒曼五〇年代在發展經濟學創新的幾個概念，論述自助人助的經濟發展邏輯。雖然自助人助的想法看來平常，可是從來都不是發展援助的主流。一般採取的策略都是強行介入，因為提供資源和出錢者，總認為有權指導別人如何花錢。

• • •

近年發生在非洲馬拉威的故事，說明了援助一方派來的專家權威指導，為何反而會造成災難。連年的農業欠收，使馬拉威人被迫生活在飢餓邊緣。最嚴重的是二〇〇

---

\* Ellerman, David, 2006. *Helping People Help Themselves: From the World Bank to an Alternative Philosophy of Development Assistance*. Ann Arbor: The University of Michigan Press.

五年，彼時馬拉威人口一千三百萬，就有五百萬人需要緊急的食物援助。當年選上馬拉威總統的穆沙利卡（Bingu wa Mutharika）宣稱：「只要當總統一天，我不想到其他國家的首都乞食。」*所以，他採取和西方國家一樣的政策——對農業大量補助，尤其是肥料和種子。結果，馬拉威農業收成激增，近幾年都有盈餘輸出鄰國。二〇一二年，經濟學家塞克斯（Jeffery Sachs）在《紐約時報》撰文，讚譽馬拉威政府對農民的補助是「聰慧的補助」。不但如此，還造成非洲鄰國仿效，指出非洲綠色革命的新方向。**

　　不過，最初馬拉威對農民的補助，曾引來西方援助者的反彈。一直以來，西方的外援都有附帶條件：不能對農民補助。馬拉威最後能夠終結飢荒，就是不再聽從西方專家的意見。這聽起來不可思議，不過卻是真實的事例。馬拉威曾接受世界銀行和西方富國援助超過二十年，一直採取自由市場政策，因為西方經濟專家要他們這麼辦。這些專家希望馬拉威農民種植現金作物，以現金作物出口，賺取外匯，再購進糧食產品。結果，在政府不介入農業補助情況下，農民因進口肥料價格太高，逕行減低施肥，因而減產。最後是一連串惡性循環：依賴西方糧食援助，接受自由市場規範，結果農

---

\* Dugger, Celia W., 2007. "Ending Famine, Simply by Ignoring the Experts." *The New York Times*, December 2.

\*\* Sachs, Jeffrey D., 2012. "How Malawi Fed Its Own People." *The New York Times*, April. 19.

業凋敝、糧食不足，再向富國求援……。

　　西方專家作為低度開發國家經濟發展的指導者，在觀察馬拉威年年失敗經驗後，理當改弦更張、試想新策略，為何他們沒有這麼做？比較簡化的解釋是，專業主義帶來自信與傲慢，各行各業皆然，即使自己的專業信念造成別人餓死或在飢餓邊緣，還是有人不願跨過專業的藩籬，因為一旦越了界，原本可以依靠的，或將蕩然無存。

　　不敢放掉專業預設和由預設推展出來的結論，在學界比比皆是；但赫緒曼絕對是其中的異類。他強調，發現相關議題（"related" topics）最簡單又有效的方法，就是跨學科；自我設限在特定領域，對他不但沒有吸引力，也讓他覺得很難忍受。如果，某些概念在其他學科中可以找到支持與確證，為什麼要固守人為界定的學門，閉鎖其中而不得其解？以總體經濟專長起家的赫緒曼，先轉向發展經濟學，最後在政治經濟和政治思想領域都有不可忽視的成就。這種由經濟學往政治學和思想史越界的舉動，在近百年來的社會科學界，仍然寥寥可數。

・　・　・

　　二次大戰後，赫緒曼投身擬定和執行馬歇爾計劃，幫助歐洲國家復甦和重新結盟。在華盛頓待了六年，看膩了官僚科層的延宕推遲與互相掣肘，他面臨一個抉擇：是否把工作

重心移往巴黎繼續馬歇爾計劃，或到中美洲的哥倫比亞當經濟顧問？赫緒曼選擇了後者，因為這個工作對他來說「是新的」。緣於往新領域探觸，赫緒曼成了發展經濟學先驅，在這個領域創立許多新概念，研究範圍涵蓋哥倫比亞、巴西、智利和其他拉美國家，從五〇年代到六〇年代整整二十年，赫緒曼的研究重心都放在拉美的經濟發展，當時，他是二次戰後，美國極少數的拉美專家。*這二十年的經驗，讓赫緒曼寫出他在發展經濟學研究的三部曲：《經濟發展策略》（1958）試圖了解發展中國家推動經濟發展的一些基本過程；相對於第一部著重經濟過程，第二部《邁向進步的旅程》（1963）則將觸角延伸至經濟政策制定的政治過程；而《發展規劃的考察》（1967）有別於前兩部總體的觀點，把觀察和研究移向個別的發展計劃。

　　尤其在第三部，赫緒曼開宗明義提出「隱藏的手」（Hiding Hand）的概念，用來對比亞當·斯密的「看不見的手」（Hidden Hand 或是 Invisible Hand）。「看不見的手」是指：自由市場中有一隻人們無法觀察到的「手」，讓眾多基於個體經濟利益而進行的、看似混亂無序的交易行為，自然產生秩序與社會整體利益相容。而「隱藏的手」則指：人類在從事社會經濟行為的過程，有一隻「手」遮蔽了各種實踐過程的困

* 一九五九年古巴革命，赫緒曼曾被甘迺迪總統召進白宮諮詢，並邀他入閣，被赫緒曼拒絕；否則，我們不一定會多一個優秀的政治人物，但絕對少一個拔萃的學者。

難與非預期結果，不讓人們事前看到，這樣反而促使他們勇於邁開探索實作的步伐，甚至激發出潛能。

赫緒曼「隱藏的手」的想法，得自觀察世界銀行在各國推動的計劃；其中有許多失敗，也有一些產生非預期的結果。赫緒曼認為，計劃失敗或違背預期，其實是「隱藏的手」的作用；這旨在說明，一開始沒想到非預期的事，其實是件好事。如果可以預見事情將產生負面後果，我們的行動會完全癱瘓：不只政府不想尋求社會變革，甚至個人也不會去嘗試新事物、工作、愛情或生活。「隱藏的手」讓我們無從預知成敗，這樣的蒙蔽，毋寧說，是天恩或神意（Providence）。

有趣的是，赫緒曼認為，關於改變的觀察不妨採取一個通用公式：「改變只能以令人驚奇的結果出現，否則就不會發生，因為改變的企圖將被喜愛維持現狀的力量所壓制。」不過，他特別強調上述公式不是「鐵律」。這個看似調侃但充滿深意的公式，與赫緒曼長期研究拉美國家的發展經驗有關。他在《對希望的偏愛》一書中談及拉丁美洲的發展規劃，就提出「可能論」（possibilism）的說法，用以闡明發展沒有必然道路，應以開拓各種可能途徑為主，儘管前路狹隘難行。

･ ･ ･

而赫緒曼自己，也在經歷迂迴的人生之後，才走上拉美研究的路途。

一九一五年生於柏林的赫緒曼，在德國的時光，正好

目睹威瑪共和國的興起與衰落。因為希特勒的反猶太政策，十八歲就離開出生地的赫緒曼，花了將近二十年才踏上中南美洲。赫緒曼年少離鄉的經驗，讓他體會人的多面性，使他有不同於一般學院養成學者的視野。閱讀赫緒曼的顛沛，我們找不到煽情的修辭，雖然，讀者可能因他遭逢的艱險而慨嘆。這讓我聯想到，小說因為虛構，作者非得寫得涕淚飄零，才讓故事人物可信；而真正攸關生死的人生，一步錯誤都不能發生，哪有空閒躊躇感懷？狹義來看，赫緒曼並沒有掌握歷史的舵輪；不過一些個人，的確曾把生命交在他的手上。

　　赫緒曼的姊夫科洛爾尼（Eugenio Colorni）*是義大利社會主義黨的核心人物。一九三五年冬天，就在姊姊和科洛爾尼舉行婚禮當天，科洛爾尼準備利用婚宴「掩護同志」出國，要赫緒曼協助。當時，他們計劃把一位共產黨員送到巴黎，因為在法西斯氣焰下，整個義大利已經沒有容身之地。他們一起到車站，由科洛爾尼接頭，確定那位同志安全坐上火車，不過也做了最壞的打算——如果事跡敗露，赫緒曼需要善後，並且通知相關人物。行動最後完滿達成，赫緒曼和科洛爾尼便一同回返參加婚禮。

　　這個秘密行動，為赫緒曼開啟更多冒險的經歷。此後五年內，赫緒曼有著許多出生入死的經驗——在義大利和法國

---

* 赫緒曼那本已成政治經濟學經典的《叛離、抗議與忠誠》就是獻給姊夫科洛爾尼。在扉頁上，赫緒曼讚嘆科洛爾尼教給他一些小觀念，同時讓他知道小觀念如何變成大想法。

間傳遞消息；到巴塞隆納參與西班牙內戰；志願加入法國軍隊對抗入侵法國的德軍；幫助反納粹和反法西斯的作家、學者、藝術家和新聞工作者離開歐陸，這些都是年紀才二十出頭的赫緒曼的自我抉擇。直到一九四〇年冬天，他離開歐洲到美國，才走向學術之路。

赫緒曼曾表明，年輕時代最喜歡也最受啟發的作家，是法國文藝復興時期的蒙田和箴言作家拉羅什富科*。當一九四〇冬天，他必須徒步越過庇里牛斯山，除了帶著額外的襪子，隨身懷抱的就是蒙田的《隨筆集》。他在《隨筆集》和《箴言錄》中，讀到作者敏銳的洞悉，好奇的觀察，並且不時抱持懷疑的態度。這樣的文學理路，非常吸引他。

回顧來看，赫緒曼的反抗經驗和抉擇，對他的學術關懷有深遠的影響嗎？

試問，如果你曾有逼在眼前決定別人生死的經驗，或決定自身生死的經驗，關於「人的死活」這事，會不會特別敏感？做一項研究，它可能成為律令的參考、決策的依據，被執行採用後，影響的是活生生的許多個體，你還會執意說，你的價值、你的評估、你的判斷，對「所有的人」都適用嗎？當想像的所有人（通常不是多數人，有時甚至是少數人）可

* 拉羅什富科（François VI, Duc de La Rochefoucauld, 1613–1680）的傳世著作以《箴言集》和《回憶錄》最為著稱。另外，他有一句常被後世引用的愛情箴言：「真愛猶如鬼魅：眾口相傳，然嘗目擊者，鮮矣。」（見《箴言集》第七六條。）

能落在看起來合理的理論或漂亮的預測模型之外而且關乎生死，多少人會滿足於創作這類理論和模型？

• • •

　　保羅・克魯曼於一九九四年發表〈發展經濟學的興起與衰落〉，直指赫緒曼的發展理論之所以沒有堅強的後繼門派，主要是赫緒曼沒有把他的理論概念模型化。是赫緒曼的數理能力產生的限制嗎？應該不是，克魯曼在文章中也承認。他以赫緒曼運用計量分析，在一九四〇年代對總體經濟的貶值理論做出貢獻為例，說明赫緒曼有一定的數理水準。克魯曼認為，赫緒曼之所以不把概念模型化，是因為他的經濟發展理論「隱含」的不是穩定規模經濟，而是持續報酬經濟，這樣的經濟預設（或市場結構預設），以五、六〇年代的學術技藝，是沒有辦法模型化的。\*比較讓我驚訝的是，克魯曼進一步表示，赫緒曼沒把理論模型化，是因為他不喜歡複雜的問題。這個評論跟赫緒曼完全湊不攏；他一再反對的就是經濟學如何透過模型化議題，把學問弄窄了；他還寫了〈反對簡約的假設〉（Against Parsimony）一文，信手捻來三個經濟學領域常處理的議題──偏好選擇、生產活動和稀有資源，闡

---

\* 這樣的說法無關事實，倒是涉及學術品味和學術關懷，比有沒有能力做數理分析，更根本、而且無法妥協。雖然在一九八九年，凱文・墨菲（Kevin M. Murphy）等人首先把經濟發展持續遞增模型化，不過，這個模型還是定下許多假設和限制。

明如何透過複雜的想像，就可讓上述議題的討論，更貼近現實。赫緒曼何其清楚，專業化給人帶來的智性貧乏。

　　一個不願把現實世界通則化、不厭其煩地「就事例論事例」的人，為什麼反而被看成不喜歡處理複雜的問題呢？我的解釋是，赫緒曼有一般學者沒有的釐清問題的能力。他常常提出繁複的問題，透過陳述和分析，一一去除龐雜，讓問題的核心顯現。掌握到重點，要處理的當然是關鍵之處。關鍵處有時正在複雜處，不過當核心已現，再囚繞於零亂的枝節，不是作繭自縛嗎？

　　由於這個釐清的能力，讀者在閱讀赫緒曼作品時，很容易進入他陳述的脈絡。有時候讀得順暢，甚至會認為赫緒曼並沒有做出特別的分析，事情本來就如此。赫緒曼曾舉一個例子，說明這個「被視為當然」的有趣事實。他說，在撰寫《反動的修辭》時，特別把無效論和悖謬論區分開來：前者講無論如何改變，都沒有效果；後者談改變後，反而帶來相反的結果（通常是壞結果）。這兩個論述，常被用來反對改變。以前，從來沒有人對無效論和悖謬論加以命名和區辨，是赫緒曼最早使用這類名詞；不過，許多讀過《反動的修辭》的人，很可能無意識地假定這類區分老早已存在，不是赫緒曼的「獨創」。能把理論寫到讓讀者認為事物的本相原就如此，呈顯的不只是赫緒曼透析問題的精確視角，同時展現他多麼輕易就「把知識轉化成常識」。多少習用學術專語、藉行話才能表達知識的人，會對這種能力充滿欣羨啊！當然，

把問題說得簡單易懂，不表示赫緒曼的建議就簡單易行。相反地，因為他非常在意處理每個問題的特殊情境，反而要花更多心思去細緻規劃。

• • •

如果不從更廣的角度、更長的時間來看人類的現實行動，很多常態都可以變成當下令人津津樂道的特例；同樣地，當下主流念茲在茲的主張，看起來理直氣壯不容挑戰，事後回顧，也許只能歸入庸人淺見。（例如被視為不可逆轉的全球化，二、三十年後，會不會是一件歷史的偶然？）我們不妨檢視一下蘇聯解體前，東歐和拉美近半世紀的發展經驗，看看這段離我們不太遠的歷史，呈現的是如何的面貌。

東歐與蘇聯共構的冷戰圍牆，在二次大戰後，走了一趟和拉美非常不同的發展道路。以機械工業和重工業為主的東歐，不僅消費商品短缺，同時也屬「低度」發展狀態。相反地，拉美國家從戰後到六、七〇年代，總體經濟計劃都聚焦於如何透過進口替代工業促進國內的消費與資本積累，進而建立起重工業；只是一路發展下來，最後還是以生產消費商品為主。台灣的例子接近後者，畢竟中鋼、中船這些重工業，最後都沒有達成原先的經濟計劃，擔起出口重工業產品的使命。

為什麼會有這樣的歧異呢？發展當然涉及意識形態。從東歐和拉美的發展經驗，這些意識形態有其時代背景，也都有清楚的脈絡可循。東歐循著蘇聯史達林主義路線，尤其蘇

聯在二次大戰的勝利被歸功於早年推動的重工業，往重工業和機械工業發展，便成東歐國家顛撲不破的信條。這期間，雖然也有發展消費商品的呼聲，但是面臨可能遭到崇尚物質和污染精神的批判，最後多半草草收場。而拉美雖然戰後左右鬥爭激烈，但是除了古巴以外，最後都是右派威權、甚至軍事政權佔上風，這些政權站在與西方共同圍堵左派共產勢力的陣線上，經濟發展模式就遵循資本主義路線。不過，不能把拉美的發展經驗看成一個整體。就如西方的學者喜歡把東亞看成一個整體一樣，那只會簡化現實，如從哈哈鏡看世界，呈顯的都是誇大和扭曲的部份。

長期關注拉丁美洲經濟發展的赫緒曼，最是主張拉美的問題各國殊異，要分開來看。他在五〇年代提倡的「不均衡發展」策略，在經濟學的意涵就是要弄清楚「比較利益」，去發揮一國所長，主張每個國家都有自己最擅長的路可走。這樣的發展概念過時了嗎？當我們思考產業政策，這個想法難道不應是參酌的重點？

比較叫人錯愕的是，就算主流的經濟學對發展、生產、交易、貨幣、財政、貿易有一套準則，它們被拿來運用時，有時竟是荒腔走板。芝加哥學派和倫敦劍橋學派都曾到拉美去推動他們的理念，這些實作經驗，反而讓他們在扮演拉美經濟策士的履歷上留下污點，也讓幾個「被策說」國家的人民，對英美的經濟策士產生刻板印象，英美國家的陰謀說，三不五時就要被翻出來數落一番。究竟為什麼會這樣？

　　事件都發生在七〇年代末期。智利和阿根廷為了維護
持續的經濟成長，採取高估國內幣值、高利率的措施，藉
以穩定工資和控制通膨。這樣一來，造成鼓勵更多進口，而
不利出口，讓國內產業更形凋敝。由芝加哥學派為主的經濟
顧問，建議的政策不是有步驟適當地貶低幣值、調降利率，
而是向國外借入更多錢（當時盛產石油國家利用高油價，賣
出石油後積聚的石油熱錢到處流竄，利率很低），投入國內
工業，一再延遲調整經濟體質的時機。另一方面，國內的私
人資金則外流購買低利率的外幣，造成投機資金流出。幾年
後，當國外利率攀升，智利和阿根廷的舉債負擔，已到了不
可承受之重。

　　接受劍橋學者建議的墨西哥，面臨的是不一樣的問題，
但得到的是同樣的結果。發現豐富石油蘊藏的墨西哥，在七
〇年代中期開始達到一定產量，石油變成重要的出口商品，
為原先進行得還算順暢的進口替代政策，敲下喪鐘。出售石
油得來的大量資金，沒有用來調整國內其他產業部門，而是
購買進口商品和相對低利率的外幣，依然維持高估幣值的政
策。這些劍橋學者提出政府應管控進口的數量，雖沒被接
受，不過他們也不贊成貶值貨幣。一九八二年開始，墨西哥
同樣因國外利率攀升，一下間累積了高額外債，這個外債負
擔，到現在還讓墨西哥人站不起來。

　　這些明顯違反經濟原則的政策，之所以一再發生（而且
由不同的學派，針對不同國家的狀況做建言），說穿了，其

實是許多經濟政策只看短期問題、短期利益。也許在課堂、
學院、研究室，面對硬梆梆的理論和冰冷的數據，智識可以
自在運行；一旦有機會實地插手操作，尤其是燙手的熱錢，
理性就少了喘息的空間。

• • •

　　曾是經濟顧問的赫緒曼，對作為經濟顧問一事戒慎恐
懼。他在一九六三年出版的《邁向進步的旅程》書中，試圖
反省和解決的就是外來顧問的問題；對照那些從七〇年代開
始帶給拉美國家災難的經濟顧問，赫緒曼的反省顯示出他總
是先走了一步。

　　作為外來者，首先要弄懂現實。了解，當然是解決問題
的第一步。但要有多深刻的了解，才算了解呢？對赫緒曼來
說，就是探險般地進入廣大的無人之境，在經濟學和其他社
會科學，諸如政治學、社會學、和歷史學中，匍匐前進。只
有深入了解一個國家的政治、社會、歷史，才能對當下的經
濟現實有所掌握。在花了三個漫長的篇章處理巴西、哥倫比
亞和智利的經濟史後，赫緒曼在書中問：拉美國家有「存在
一種解決問題和制定政策的拉丁美洲風格嗎？」他發現，有
的。那就是，急於下結論的心態。因為發展落後，追在先進
國家背後，自己氣急敗壞想迎頭趕上，於是囫圇吞棗，一得
結論就上路。也是在這種心態下，西方專家才會那麼容易被
接納，因為他們可能帶來「根本的」（fundamental）處理問題

的方法。

六、七〇年代，拉美的學者如卡多索、法蘭克（Andre Gunder Frank）和桑科（Osvaldo Sunkel）開始以「依賴理論」來反思拉美本身的經濟發展策略，同時批判西方強國的不平等介入，導致拉美的依賴發展，赫緒曼曾被這批學者譽為「依賴理論」的祖師。不過，赫緒曼在公開場合和文章裡，都否認自己的理念與這一派的理論有所銜接。赫緒曼所以避諱被稱為「依賴理論」之父，主要是他認為這理論有一種「命定的」預設，這是他所排斥的。

觀察拉美國家政策的制定，赫緒曼最早在《邁向進步的旅程》一書，用自創的「失敗情結」（fracasomania）字眼，來界定一種屬於拉美國家的文化心態。這種「失敗情結」，不是覺得問題根本解決不了，就是認為如果沒有透過包山包海的方式，一定沒法解決；表現在對政策的態度，不是無法看到進展，就是無法評估進展。說穿了，這樣的心態，讓過往的所有努力都白費，還因每件事如果不從頭開始，即無法達到全面改革，所有的努力也徒勞無功。這種態度導致無作為，輕忽正面改變的可能，總在避免無法預期的事，延誤的結果，也帶來更新的挑戰和錯失了過去的機會，進一步阻滯學習和知識的累積。奇怪的是，在拉美國家，無論激進的左派或保守的右派，都有這種心態。左派不屑對先前統治階級制定的政策進行改革，所以要革命；右派不想捍衛被政府干預的現狀，因為他們要「自由市場」。

「人很少獲得他不需要的特質！」引自小說《危險關係》梅特伊伯爵夫人的驚嘆，赫緒曼非常喜歡這句話。實際上，這話幫他想像，人在面對發展時，為什麼會有那些琳瑯滿目的藉口和認知障礙。如果不擴大可能的領域，而只在狹小範疇裡猜想和預測，事情就不可能發生；特別的和預想不到的事，不會降臨在沒有特殊想像和不努力的人身上。看不到解決問題的方式，更多時候是根本沒看、沒認真看。人很少獲得他不需要的特質！

• • •

二〇〇八年的金融危機，帶來全球性經濟衰退，各國被迫撙節開支，陸續縮減政策福利；這引起對市場應該如何進行有效管制的辯論。赫緒曼寫於八〇年代中期的短文——〈市場社會的敵對觀點〉，從歷史脈絡考察關於市場的辯論，處處珠璣。

赫緒曼在文中闡釋，激進派和保守派，在不同的時間點，都曾把市場視為凝聚社會或腐化社會的變因。有趣的是，他們也常常切換立場。在十八世紀，諸如柏克的保守主義者擔心斯密鼓吹的自由市場會破壞傳統美好社會；激進派則希望自由市場可以做到保守主義者擔憂的情況。不過，也有保守派像孟德斯鳩，觀察到市場能馴服攻擊性的衝動，因彼此生意往來，比較不會動不動就打仗。

然而，到十九和二十世紀，保守派開始擁抱市場；而馬

克思在《共產黨宣言》中則警告，把社會市場化，「一切等
級的和固定的東西都會煙消雲散」。在此，馬克思其實借用
來自保守派（和自由派如博蘭尼）的洞察，他們看到市場如
何破壞社會規範。

　　赫緒曼在一九九五年接受法國《世界報》採訪，明言站
在「與新自由主義者對立的那一方」。*雖然對市場機制有一
定尊重，但他不認為市場是萬靈丹；面對當代個人無法超越
的資本主義，國家有其應該扮演的角色，而且，也只有國家
能夠扮演。

• • •

　　二〇一二年年末，九十七歲的赫緒曼離開人世。幾年前，
他把個人檔案資料和研究筆記，包括記錄拉美經濟發展的研
究和協助世界銀行評估各國計劃的資料，悉數捐給普林斯頓
大學圖書館專門收藏手稿的部門；他捐出的檔案，裝入八十
一個資料箱，總計佔三十五公尺的書架。如果到稍有規模的
大學圖書館借閱赫緒曼撰寫的全部書籍，當我們走在開架式
的書庫裡，毫無疑問，因為他的跨領域書寫，我們必須走過
一列又一列長排書架，搜尋赫緒曼被分入不同類別的書冊。

　　赫緒曼的傳記作者阿德爾曼（Jeremy Adelman）在受訪時
曾表示，赫緒曼的一生「可視為代表恐懼和希望的二十世紀

---

* *Le Monde*, 25 September 1995.

的寓言」。寓言常伴隨傳奇，赫緒曼已是當代社會科學界的傳奇。雖說二十世紀最大的恐懼是獨裁政體，但對赫緒曼來說，他不僅憎惡政治獨裁，也討厭知識獨裁。因此，他常從別人論證的反向進行思考與批判，當理論權威高呼：「原來是這樣！」赫緒曼肯定會問：「是這樣嗎？」

另外，他經常玩味德國作家穆齊爾（Robert Musil）在小說《沒有個性的人》中，不時出現的字眼 —— "Möglichkeits-menschen" ——意謂「人的可能性」；對人的可能性的發掘與珍視，無疑是赫緒曼學術關懷背後的主要動力。

仔細閱讀赫緒曼的作品，會發現他一而再、再而三地回到一些他基本關切的議題。例如，激情與利益在十七和十八世紀都還是涇渭分明的價值，到亞當・斯密後卻變成和諧的夥伴，這種由「看不見的手」形塑而出的變形，對現代社會來說，是正數還是負數？另外，政治、經濟和社會三個部門在一個國家的發展節奏常常不一：有時，經濟跑得比政治快；偶爾，政治跨出的步伐比經濟大；更多時候，社會的腳步早走在政治和經濟之前。這些步調的衝突，不一定是耗損，有時是提供下階段前進的動力。還有，國家的大眾投資、市民的公共參與和個人私領域的抉擇，也在要不要涉入或涉入深淺間擺盪。赫緒曼不斷回頭重述或重建這些議題，從不同角度去檢視或修正先前的論述。不同學門的知識只作為他的分析工具，他關注的，永遠環繞在關鍵概念和重要主題；而這些概念和主題，最終關乎的，都是人的實踐與福祉。

# 如何破解反動的修辭？

吳介民

　　喧囂地，全世界幾乎都籠罩在新自由主義的氣焰中。福利制度在老牌民主國家備受攻擊，全球工薪階級普遍面臨薪資停滯，資本主義生產過剩、消費力不足。愈來愈多人，被甩到資本主義利益分配系統的外圍，過著邊緣而窮困的生活。伴隨著這波新自由主義全球化的，是與日俱增的社會抗議、反叛、暴動、公民不服從。

　　我們生活的經濟環境很奇怪：社會整體財富龐大，但大多數人都喊窮、都沒有能力消費。錢到哪裡去了？富裕者佔總人口少數；財團資本控制著主流媒體，富人的聲音很大，但誰來幫窮人講話？

　　第二次世界大戰之後，社會進步運動曾興盛三十年，接著就進入「反動」的年代。我們至今仍生活在這波反動潮流之中。三十幾年來，「柴契爾主義」和「雷根經濟學」開啟新自由主義全球化運動，也拉開我們今天面對的反動修辭的序幕。

　　作為一名教師，我經常被問到：什麼是「資本主義」？

什麼是「資本主義剝削」？在研究生課堂上，我們可以用一整個學期閱讀經典，反覆思辨資本主義的起源、定義、運行機制。但在這裡，我想給一個簡潔的說法：資本主義就是以「市場」為名，以追求「利潤」為動能，將人類生活「商品化」的經濟模式。最新一波的資本主義擴張，藉著「新自由主義」符碼橫掃全球；「開放」、「私有化」、「解除管制」，是其中的關鍵詞。

「全球化」，不僅它的規模是世界性的，而且它對人類社會生存環境的滲透是全面性的、直到每個社會角落。全球化運動，迫使國家解除管制、國家退位，把經濟空間讓出來給「市場」、給「有效率的私人資本」。市場因此長驅直入各個社會領域，將那些不應該被商品化的人類生活的各個層面都予以商品化。人類賴以為生的許多資源，都被「虛擬」成為商品——可販賣、可囤積、可牟利的商品。

在台灣，我們看到區域運輸的商品化，許多無利可圖的鄉間客運路線被取消了；國土生態資源被商品化，美麗灣被BOT（實為「海灘私有化」）；醫療被商品化，醫美當道、五大科乏人問津；學校被商品化，許多公立大學開始面臨「自負盈虧」的壓力；教育被商品化，教學與研究品質落入市場化的評比指標，讓教育工作者疲於奔命（而致「效率」低落）；規劃中的老年長照，也可能開放給財團經營。

半個多世紀以前，社會思想家博蘭尼已經對「虛擬商品」（土地、勞動、貨幣等等）如何破壞人類生存的環境、生態、

甚至是道德生活，提出嚴重的警告。博蘭尼的「生態人類學」觀點，對於資本主義破壞力的批判，走得比馬克思主義更深更遠。馬克思對生產力解放的樂觀預測，以及他的「生產主義觀點」，在當代世界走到後期資本主義的階段，已經失去了引領作用。我們的世紀，備受自由主義市場不斷增長、資本積累過度、大眾消費力不足、異化勞動的偽文明化、社會福利倒退、生態環境破壞之苦，都可以在「過度商品化」這條脈絡中找到線索。博蘭尼對十八、九世紀之交英國「史賓翰連濟貧制度」的分析，連接到工業資本主義早期之「社會自我保護」的剖析，開啟了我們對社會福利起源的深刻理解。他的名著《鉅變》，讓「史賓翰連法案」成為歷史社會學的著名案例。《反動的修辭》也以此法案的歷史脈絡，說明了十九世紀英國濟貧制度變革中的反動論述。

### ▶ 破解反動修辭的語法

赫緒曼寫作《反動的修辭》的動機，起源於一九八〇年代新右派展開對福利國家的批判，新自由主義即將席捲世界。赫緒曼並非馬克思主義者，也不是生態人類學觀點的信奉者；但他這本書，卻是我們在當代抵抗新自由主義之「反動論述」的有力武器。

赫緒曼的學問既深且廣，在社會科學與政治思想諸多領域皆有原創性貢獻。他善於化繁為簡，筆觸間洋溢幽默感。

他輕盈的文風，與其厚重的生命經驗，形成引人入勝的對比（請見本書兩篇推薦序）。

《反動的修辭》以英國社會學家馬歇爾一篇著名論文作為分析起點，先鋪陳了西方國家在過去三百年歷史中，締造的三類公民權利，包括自由權、參政權、社會權。每一次的進步潮流，都無可避免遭遇到「反動的逆流」。每一次的革命運動，也都見證了反革命運動。他引用牛頓運動定律做比喻：每一個作用力，必然伴隨著反作用力。他從這個運動定律中，發現了隱藏在反動修辭中的秘密結構：

> 我同意你的價值觀或政策目標（「作用力」），但是因為種種因素（「反作用力」），將會使你的目標被扭曲、適得其反、徒勞無功、甚至危害了其他得來不易的價值。

根據赫緒曼這個極簡的「公式」，反動修辭的方法論精髓就是：「我同意你的價值目標，**但是……**」「但是」之後才是反動修辭的重頭戲；「但是」轉移你的注意力，進而破壞進步政策的存在價值。

從這個基本語法結構，赫緒曼定義了三種類型的反動修辭：悖謬論（適得其反）、無效論（徒勞無功）、危害論（顧此失彼）。

悖謬論：「我同意你的社會福利政策，但是這個政策將使得窮人變得懶惰、而落入更加貧困的深淵。」

無效論：「我同意你的社會福利政策，但是補貼窮人的經費將會落入社福團體的手裡，窮人拿不到實際好處。」

危害論：「我同意你的社會福利政策，但是這個政策將會危害市場經濟與自由。」

總而言之，「反動修辭法」不直接反對進步價值，而是反對那些實踐進步價值的行動。如果你接受了這類反動論述，你的結論必然是：不行動；你不必、也不應該採取進步性的行動，因為你怎麼做都沒有用，甚至會導致反效果，或摧毀既有的改革成果。**這正是反動修辭的「狡獪」之處：它躲藏在進步價值的保護殼之中，卻執行著反進步、反動員的任務。**

為什麼這類反動論述，不堂而皇之，正面表述它們自己的價值觀？反改革、反革命、或保守主義，不也是各有思想傳承？

赫緒曼給出一個簡潔的洞察：因為在現代文明世界，一個人要抗拒進步價值，很難啟齒。例如：「我就是看不起窮人、她活該餓死！」「窮人沒有文化，她們沒資格投票！」這類話是講不出口的。因此，便繞個彎，戴上進步的面具，提出反動的說辭。

反動修辭深具吸引力，不斷被重複，影響著一代又一代的人們，否則我們今天也不會籠罩在新自由主義鉅大的話語霸權下。

## ▶ 環伺我們周遭的反動論述

通俗性的反動修辭在台灣俯拾皆是。翻閱報章雜誌，不難發現可供分析的文本。二〇一二年九月，勞工團體爭取調高基本工資，政府官員表示無法調漲。先讀這篇報導：

> 行政院拍板時薪先調，月薪緩漲，外界質疑政府偏財團、輕勞工。政務委員〇〇〇昨天說，政府並非偏袒大企業，因調漲基本工資，影響最大的是中小企業；若調漲基本薪資，導致更多失業，中小企業無法生存，就「不只是一顆滷蛋的問題，到時候連一粒米都沒得下鍋！」

換言之，這種反對調漲基本工資的論調，並不反對勞工應該享有體面的生活薪資，而是反對調漲基本工資，因為調漲基本工資，**反而**會使工人失業，結果**適得其反**，勞工不只沒辦法多拿一顆滷蛋，最後連一粒米都沒得下鍋。這是典型的悖謬論。

再看這則報導：

> 基本工資案調漲案恐有生變，除多數財經首長不贊成外，政務委員〇〇〇也明確表示，對該方案持「很強的保留態度」。他除了反對勞委會比照CPI指數調薪，甚至認為如果每年形成調升慣例，不僅會傷害產業，也會

對政府拚經濟很不利。

換言之，調漲工資雖然照顧了勞工，**卻會顧此失彼**，傷害產業利益，也不利政府拚經濟。這是危害論的說詞。

在這一波爭議中，許多企業和政治人物主張引進更多外勞，並且應該將基本工資與外勞脫鉤。一個立委如此說：

> 沒有理由保障外勞工資，這麼保障，台商很難回來投資。在營所稅率調降後，若再加上外勞工資自由化，經貿營運特區就可以發展了。……亞洲鄰近國家包括香港、新加坡和日本，沒有一個國家保障外勞工資，台灣雖然給得高，其實也不是外勞真的賺到那麼多，「很多都是仲介賺走了」。

這個論證稍微複雜一些，但仍是典型的「反動論式」。先提到保障外勞工資，台商難以返台投資（**顧此失彼**的危害論）。接著說，鄰近國家都沒有保障外勞工資。最後這句則強調：給外勞比較高的工資，錢卻不是外勞拿到，而是被仲介商賺走，嘉惠不到外勞。保障外勞領取最低工資雖然用意良善，結果卻**徒勞無功**（無效論）。

讀這種無效論式的反動修辭，很巧妙地轉移了焦點。若是站在進步立場，你的論證會是：外勞與基本工資脫鉤，會讓企業僱用更多的廉價外勞，進而傷害本地勞工的權益。而

本勞與外勞同工同酬，符合普世人權價值。若是擔心工資被
仲介商截走，應該是加強管制仲介商與背後政治靠山的尋租
行為，而非解除管制、放棄保障外勞的基本工資。同樣的邏
輯，上述緩漲基本工資的論調，也都具有轉移焦點的作用，
使人們相信進步政策會帶來反效果，讓進步觀點在無形中被
轉移目標，而不去質疑保守觀點的正當性。

## ▶ 如何「善待民主」？

　　赫緒曼挖掘了反動修辭的語法結構，但沒有證明這些論
述是錯誤的；這是另一件工作，也不是他撰寫本書的目的。
事實上，反動修辭的語法分析，可以適用到所有的思想論
述。他在本書的結尾提出警告說：進步派的論述，也會落入
反動修辭法的窠臼。赫緒曼還強調：

　　　從我這個研究的觀點來看，「反動」和「反動派」這
　　兩個詞，被賦與負面意涵是很不幸的；當我在使用這些
　　詞彙的時候，真希望能不帶價值判斷。

　　《反動的修辭》分析的對象是思想文本，而非大眾輿論。
這本書最大的貢獻在於：揭露「反動」與「進步」在論證結
構上的對偶關係，呈現出反動論述的依附性格；反動修辭總
是披著進步的外衣，在執行著破壞性的論述工作。這樣的對

偶分析，將反動論述從優位的神壇上，拉回凡間俗世：「反動命題也不過是一系列憑空想像的、高度兩極化辯論的極端說法。」那些帶有神學意味（或深奧哲思）的保守或反動論點，在赫緒曼聚焦審視下，其魅力與光環便被解構了。所以，他在本書的結尾，義正辭嚴地呼籲爭議的雙方，在交鋒的過程要「善待民主」，不但令人莞爾，也引人沉思。原來，不論你是進步派、或是反動派，各自所佔據的論證位置應該是平等的。這不也是民主的一個基本信念？

《反動的修辭》，可以當成一本思想史來讀。「反動著作」並非一無是處。相反地，所謂的「反動思想家」不少是聰明絕頂的論辯者。讀者按圖索驥，可以尋找到自己喜歡的文本，其中不乏保守派思想家的精闢之作，例如托克維爾、莫斯卡、海耶克等人。細緻地閱讀反動論述的經典，可以幫助我們邁向敵對陣營間的溝通之路。學習保守思想家辛辣諷刺的筆法，不也是進步派的培力訓練？赫緒曼這本書，實作了這個「對偶分析」，這是他最為慧黠幽默之處。

# 前言
## Preface

　　「一個人怎麼會搞成那副德行?」一九八九年六月二十六日那一期《紐約客》登了一篇金凱德的短篇小說,一個從加勒比海來的年輕女人,反覆不斷用上述問句嘀咕著她的僱主瑪利亞。瑪利亞是美國人,有四個小孩;感情洋溢、和善過頭而有點惹人討厭。在小說的脈絡裡,社會和種族背景的差異提供了大部份的解答。然而,當我閱讀這個故事,卻驚訝地發現金凱德提出的問題——關涉著龐然、固執、惹人惱怒的「他者殊異性」——正是本書的核心。

　　現代民主社會的典型特質是,一個人不僅跟大多數同時代的人意見隔絕、也與他人的整體生活經驗疏離。這給人惶惶不安的感覺。在這舉世同慶民主典範的日子裡,我這樣老數落著西式民主的運行缺陷,似乎有點鄙陋刻薄。但是,正因為最近若干圍牆的倒塌所帶來的歡騰景觀,使我們留意到尚未傾頹的藩籬、或持續加深的鴻溝。在先進民主國家,我們經常看到這幅景象:公民團體之間,例如自由派和保

守派、進步派和反動派，老死不相往來。我對這些大型團體彼此隔離的擔憂，更甚於許多社會學家已經做了大量研究的「大眾社會」中孤立的失序個體。

奇怪的是，一個井然有序的民主社會的穩定與正常運轉，竟然是依靠公民把自己整編成少數幾個（理想上是兩個）對基本政策議題各持己見、壁壘分明的團體。這樣一來，這些團體之間就很容易築起互不往來的藩籬——民主政治竟然是不斷在構築自己的圍牆。隨著這種態勢的發展，每個團體到了某個時間點，都會以一副大惑不解而彼此厭惡的態度質問對方：「他們怎麼會搞成那副德行？」

在八〇年代中期，當我這個研究剛開始，許多美國的自由派，包括我自己在內，都眼睜睜地看著保守主義和新保守主義運動的興起與勝利。對此事態的反應方式之一是去探究保守主義的心靈或人格。但是對我來說，這種所謂深入敵營的正面攻擊，似乎不太奏效，反而會加深嫌隙，甚至把對手魔鬼化而沾沾自喜。因此，我決定對這些表層現象展開「冷靜」的檢討：從歷史與分析的角度來考察論述、論證、以及修辭。在這個過程中，我們將會看到，論述很少被基本人格特質所形塑，而是取決於**論證掛帥**（the imperatives of argument）；論述的走向幾乎與論述參與者的欲望、個性、或信念無關。揭露論證本身的種種桎梏，或許真的有助於解開它們，進而修改論述而重拾溝通。

遵循這套論述程序的好處，或許可從我迂迴分析「反動

修辭」的過程中得到證明。

在本書結尾，我把自由派和進步派的各種不同論述，也都納入「反動修辭」的分析。這樣做，連我自己都有點驚訝。

# 1 兩百年的反動修辭
## Two Hundred Years of Reactionary Rhetoric

　　一九八五年，雷根再度當選美國總統不久，福特基金會發動了一個雄心壯志的計劃。無疑地，由於新保守主義者不斷升高對社會安全和福利政策的批判，福特基金會因此決定召集一群公民，研討、調查最佳可行方案，對當時備受討論的「福利國家危機」等相關議題，提出權威性的聲明。[1]

　　在他宏偉的開場白中，達仁朵夫（他跟我都是這個討論團體的成員）提醒我們，英國社會學家馬歇爾在一九四九年發表的一篇關於西方「公民權發展」的演說。他用那篇演說來定位我們討論主題的歷史脈絡。[2]馬歇爾在那個演講中，區別公民權的三個面向：民權、政治權、和社會權；並且進一步以英國輝格黨自由派的歷史觀點，解釋那些比較開明的社會，如何逐一圓滿達成公民權的這三個面向。根據馬歇爾的分析架構，他權宜地分派每個世紀擔負一個歷史任務，總共三個世紀要面對三個歷史任務。十八世紀的歷史，見證了民權體制建構的主要戰鬥——從言論、思想、和宗教信仰的自由，到司法正義以及其他面向的個人自由權；或者大略地

說，就是根據自然法的原理和美法兩國的革命精神，衍生而來的「人權」。十九世紀則是處理政治面向的公民權，公民參與政治權力運作的權利大步前進，使得投票權不斷擴及到更大群體。最後，福利國家在二十世紀興起，則把公民權的概念擴大到**社會**和**經濟**領域，公認最低限度的教育、健康、經濟福利和安全，乃是文明人的生活、以及有意義地實行民權和政治權的基礎。

當馬歇爾在描繪這幅華麗而信心滿滿的進步階段的圖像之際，在社會和經濟領域進行的公民權第三個歷史戰鬥，似乎即將獲勝，尤其是在二次大戰剛結束階段，由工黨執政而社會安全意識高漲的英國。三十五年之後，達仁朵夫則指出，馬歇爾對當時情勢的估計太過樂觀，而且社會經濟權作為民權和政治權的一種自然而可欲的互補權利的觀念，已經遇到很大的麻煩和反對聲浪，因此亟需重新全面思考。

馬歇爾的三個層面、三個世紀的分析架構，為我們這個研討團隊提供一個令人崇敬的歷史角度，也讓我們的討論有個很好的出發點。然而，回頭看來，對我來說，達仁朵夫的批判似乎不夠徹底。馬歇爾三個歷史的進步動力之中，不只是第三個，而是每一個，都遭遇力道極強的意識形態反撲。這難道不是真的嗎？而且，這些反撲所引發的社會政治的鬥爭動盪，不也往往導致了人們所欲追求的進步計劃遭到挫敗，以及人間的磨難和悲慘？其實，福利國家到目前所遭遇的反擊，和十八世紀追求個人自由與十九世紀擴大政治參與

所受到的攻擊和衝突比較起來，還算是溫和的。

一旦我們深思「行動」和「反動」之間這個持久而充滿危險的拉鋸戰，我們更可體會懷海德那著名的歷史觀察是多麼睿智。他說：「文明的主要進程，幾乎總在踐躪社會的過程中產生。」[3] 正是懷海德的這個觀察，而非那平順、持續奮進的進步歷史觀，能夠精確捕捉到那個表面上穩當行進的「公民權發展」故事中愛恨交織的本質。有人甚至會懷疑，懷海德在二〇年代所寫下的森冷評論，今天讀起來是否仍過於樂觀。甚至還可以這樣說：如果把他那句話的限定語「幾乎」拿掉，對於某些社會而言（這絕非少數），會是更正確的描繪。

## ▶ 三波反動和三種反動的命題

於是乎，我們有很好的理由，把分析的焦點放在那些接二連三對進步力量的反動上面。我開始先簡單陳述我所了解的「三個反動」或三波反動的浪潮，尤其是因為這些反動浪潮，比起馬歇爾直截了當的歷史三部曲，要來得紛雜許多。

第一波反動，是伴隨著主張法律之前人人平等以及普遍人權（馬歇爾的民權部份）而來的思想運動。把這個思想運動孤立出來討論有些困難。對這些權利最完整有力的主張，發生在早期階段，而且是隨著法國大革命而產生的。因此，當時對這些權利要求的反動，是和反對法國大革命及其

後果，交織在一起。確實，任何對《人權宣言》的反對，主要是被革命事件所激發，而非宣言的內容本身。但是，隨後出現的激進的反革命論述，拒絕區分法國大革命的正面和負面結果，或者根本就不承認革命有何正面之處。早期的反對者，把大革命視為一個凝聚的整體，這個想法預告了後來的左派口號：「革命是不可分割的整體」。柏克的《法國大革命反思》一開頭就不斷地質疑人權宣言。很明顯地，這是第一次對大革命的總體控訴。這個反革命論述，嚴肅地對待大革命的意識形態，全面拒斥革命份子最引以為傲的人權宣言條文；也因此，它成為一種根本的知識潮流，為大多數現代保守主義奠定了根基。

第二波反動浪潮──反對普遍選舉權──遠比第一波反動更沒自我意識到它是反革命，或者說，在這個時間點上，更沒自我意識到是反改革。沒有什麼作家特別宣稱要取消大眾參與政治的進展。在十九世紀的歷史進程中，大眾參政乃是透過選舉權的擴張，以及增加「下」議院（"lower" houses of parliament）的權力而達成。在許多國家，普遍選舉權的推展是漸進的（直到二十世紀之前，只有男人才有選舉權），因此普選權的批評者很難採取一致的立場。而且，一旦貴族、教士、和平民階級之間的傳統區分被廢除，民主政治的前進步伐就沒有明顯的阻礙。話雖如此，反對者卻可以從幾個深具影響力的思潮中，去**建構**某種意識形態的反制運動。產生這些思潮的時代背景，正是選舉權的擴張獲得重大

突破之際。從十九世紀最後的三十幾年，直到第一次世界大戰之後，由哲學、心理學、政治學、和純文學所構成的浩瀚而紛歧的文獻，累積了各種可以想見的蔑視「群眾」（the "masses"）、多數決、議會統治、和民主政府的論證。儘管這些文獻沒有提出什麼替代的制度方案，其中大部份卻或明或暗地警告說，民主化發展的後果對社會將有什麼樣的極端危險。事後看來，我們不難認定這些著作必須為兩次大戰之間德國和義大利民主政治的毀滅負起責任，或許也該為俄國革命的反民主轉折負責。我在第五章的結尾將會論證這個觀點。因此，第二波的反動或許有促成歷史上最震撼、最具毀滅性之自我實現預言的功勞，假如功勞一詞是正確的用語。但令人好奇的是，這一波的反動並非主觀上有意要逆轉歷史潮流或正在進行中的改革，但如同後來人們所指控的，它卻產生了最具破壞性的力量。

接下去的第三波反動目前尚在進行當中，這波反動的目標在批判福利國家，並且試圖撤銷或「改革」某些福利政策。我們或許毋需在此大費周章評論相關議題。因為我們每天都能直接觀察到這個運動；只要有點常識，就可以明瞭正在發生的是怎麼回事。再者，從經濟和政治觀點批判福利國家各個面向的文獻雖已汗牛充棟，而且各式各樣力道十足的政治勢力，尚在堅決攻擊福利政策和福利機構，但現在就對第三波的反動浪潮蓋棺論定，仍嫌太早。

很明顯，這本小書要處理的議題，範圍實在是太廣了。

為了掌握精髓，必須慎選題材。所以我需要馬上說明，我**不想**在這裡處理哪些問題。第一，我不想多寫一本有關保守思想本質與歷史根源的書。[4]我的目的是要釐清論證或修辭的形式類型，因此我的重點會放在：試圖駁斥和推翻「進步」政策與思想運動時，可能會派上用場的主要論爭姿態和操作方式。第二，我不想對法國大革命以來的改革和反改革、命題和反命題的關係，做廣泛的歷史演義。相反的，我將把焦點放在前面已經提到的三波反動中，每一次反對思潮所共有的幾個典型論點。這些論點將構成本書的基本章節安排。每一個論點，都將和「三波反動」連結起來討論，以確定該論點在各個歷史脈絡中所呈現的具體形貌。

有哪些論證需要處理？我內心肯定有個追求對稱的衝動。在描繪馬歇爾的故事裡頭三個連續「進步」力量所受的各種抨擊和嘲諷的主要形式之後，我提出了另一個三部曲：也就是我稱之為**悖謬論**或悖謬作用論、**無效論**、以及**危害論**等三類主要的反動命題。根據悖謬論的說法，任何有意改善政治、社會、和經濟秩序的行動，將會適得其反，而使得情況更加惡化。而無效論是說，企圖要轉化社會的行動，將會白忙一場，也就是說，一點也「使不上力」。最後，危害論則辯稱，想要改變或改革社會，將危害一些先前已經達成的珍貴成果，所以改革的代價太高了。

這幾個論證當然不是「反動派」的專屬資產。任何團體在反對或批評新政策方案或新近執行的政策時，都可能訴諸

反動論述。無論何時，只要保守派或反動派掌握權力而得以執行他們自己的政策綱領，自由派或進步派就可能反過來，以悖謬論、無效論、危害論等思路來批判他們。然而，這樣的論述，最典型的還是保守派用來攻擊現存或提議中的進步政策；而其要角仍以保守思想家為主。本書的第二章到第五章，將會說明這個現象。第六章將處理進步派的陣營提出來對付保守派的論證。這些論證和反動派的論題關係密切，但卻採取非常不同的論證形式。

　　以下三章是本書的核心部份，分別處理三種反動論述。在討論悖謬論之前，簡單回顧一下「反動」（reaction）和「反動（派）的」（reactionary）這兩個詞的歷史，會對理解本書有所助益。

## ▶「反動」一詞註釋

　　"Action" 和 "Reaction" 這一組詞語，是在牛頓提出第三運動定律之後，才變成目前通用的說法。第三定律說：「每一個作用力（Action），都會產生一個相等的反作用力（Reaction）。」[5] 這兩個概念，因為力學在當時聲譽鵲起而廣為人知。之後，它們的影響力就擴散到其他領域，到了十八世紀已經廣泛使用於社會和歷史分析。例如，孟德斯鳩曾寫道：「一個國家各個部門之間的關聯，就像宇宙間各個部份的相互關係：依靠著某些部份的作用力和其他部份的反作用

11

力，而永恆地聯繫在一起。」[6]類似地，約翰・亞當斯[*]在為美國憲法體制辯護時，也曾特別引用牛頓的第三定律，來合理化國會兩院制的設計。[7]

Reaction這個詞在使用之初，毫無貶抑之意。這極度漫長的語意混淆，發端於法國大革命期間，尤其是在有革命分水嶺之稱的一七九四年熱月事件之後。[8]值得我們注意的是，龔思坦寫於一七九七年他年輕時代的論文《政治反動》已經公開譴責他所感受的革命新情勢：熱月政變是對雅各賓黨人過激行為的反動，但這些反動本身可能會引發更惡質的過激行為。這個想法已經賦與反動貶抑之意，但是龔思坦的文本，還提供另一個暗示。他在這本冊子的最後第二句，讓人有些驚訝，表達一種（今日讀來已經）過時的進步頌：「自從人類的精神向前邁進之後……任何野蠻人的侵略、任何壓迫者的聯盟、任何偏見的招魂，都無法使人退卻。」[9]

相信歷史會不斷前進的啟蒙精神，儘管遭遇恐怖政策以及其他種種厄運，但畢竟熬過了大革命、甚至反啟蒙運動者的批評。有人可能會像龔思坦一樣，一方面哀悼大革命的「過激行為」，另一方面依然相信歷史的進步基調，並且相信法國大革命乃是這歷史進程的一部份。這大概是當時人們最普遍的態度。不然的話，就很難解釋，為什麼那些對大革命採取全然負面「反應」的人，會被視為想要「把歷史時鐘往

---

[*] 譯註：美國第二任總統。

後撥」的反動派而備受譴責。我們的語言是多麼深受進步信念的影響，在這裡又意外添上一例。這進步的信念隱涵：只要時間向前推進，人間情境終將改善，因此任何回頭路必然引來災難。

從我提問的觀點來看，「反動」和「反動派」這兩個詞，被賦與負面意涵是很不幸的；當我在使用這些詞彙的時候，真希望能不帶價值判斷。所以，有時候我會使用較為中性的替代語彙，像是「反撲」（counterthrust*）、「反作用力的」（reactive）等等用語。然而，大部份的時候，我都依循通俗的用法；偶爾則使用引號，表示我並不想使用謾罵的語言。

* 譯註：或譯「反制」。

# 2 悖謬論
## The Perversity Thesis

　　探索「反動」這個詞彙的語意，會直指「反動」思想的一個重要特徵。由於現代世界存在著頑強的進步心態，使得「反動派」活在充滿敵意的環境。他們無時不在對抗這種知識氛圍：凡是被自稱「進步派」的人士放入社會議程的崇高目標，就被賦與正面的價值。反動派處於這種輿論狀況，就不太可能對那種崇高目標展開全面的攻擊。相反的，不管是真情或假意，他們會在口頭上表示贊同；然後再試圖證明，這種倡議或已付諸實踐的行動，在思慮上有欠周延。質言之，他們最典型的做法，就是勸戒人們說：這種行動經由一連串非意圖的結果，會產生與其所宣稱追尋的目標**恰恰相反的後果**。

　　乍看之下，這是很大膽的知識操作。雖然它的論證結構非常簡單，但所作的宣稱卻相當極端。它不只是斷言某個運動或某個政策的目標難以達成，或者會帶來意料之外的代價、或副作用，而是進一步論稱：**試圖把社會推往某個方向，的確可以推得動，但卻是把它推往相反的方向**。這種簡潔、

引人入勝、並且極具破壞力的論證（假如命題為真），業經證實在幾個世代的「反動派」之間頗為流行，而且也很吸引一般大眾。在當前的辯論中，這種作用常被稱為「反直觀」、「反效果」，或者更切題地說，就是某種「進步」

或「立意良善」的社會政策所具有的**悖謬**作用。[1]追尋自由的努力，會使社會陷入奴役的境地；追尋民主，會產生寡頭統治和暴政；而社會福利計劃，則會製造更多、而非減少貧窮。**每件事情都會反噬自身。**

## ▶ 法國大革命，以及悖謬論的誕生

悖謬論就像其他許多反動修辭的要素，緊接著法國大革命之後，被宣揚為一個至高無上的原理；這已見諸柏克的《法國大革命反思》一書。做這個論證其實並不需要什麼發明的天份：假如自由、平等、與博愛的口號，竟然可以變成公安委員會的專政，之後又變成拿破崙的獨裁，那麼，某些追尋自由的努力必然導致暴政的想法，勢必深烙人心。除此之外，民主易於退化成暴政的觀察和論點，古已有之。但是，柏克的著作值得注意之處，第一是他早在一七九〇年就做此預測；第二是，他那些關於大革命的零散評論，很快就被轉述為對於社會動力的所謂真知灼見。柏克預見到一種鄙俗的寡頭統治，建立於王權、教會、貴族和人民的毀滅之上，將會終結所有關於平等與人權的幻夢。他甚至還預感社會動亂

時軍人干政的景象，而驚呼「屠殺、凌虐、吊死！這些就是你們的人權！」[2]

英國歷史學家卡奔評論說：柏克對「法國大革命歷程的精確預測……佐證了恰當理論的優點。」[3]不管柏克的分析背後，是否存在「恰當」還是正確的理論，讓他同時代的許多人印象深刻的，不只是他口若懸河的雄辯，而且是他言之鑿鑿的預感。他的論證從此破土生根，之後又被反覆申述和通則化，尤其是各國觀察家以之為例，用來記取已經在法國發生、或正在發生的「教訓」。因此，席勒於一七九三年寫道：

> 法國人民建構神聖人權以及征服政治自由的努力，只顯露其無能為力與不值一試；它的結局，不僅僅使這個不幸的民族，回復到野蠻和奴役，甚至一整個世紀和一大片歐洲都賠了進去。[4]

德國浪漫派政治經濟學家慕勒提出一個或許笨拙、但很概括的說法。慕勒是耿茲的密友並受其提攜；而耿茲又是梅特涅的助手，梅特涅年輕時就把柏克的《法國大革命反思》譯成德文。當大革命及隨後的拿破崙時代情勢明朗後，慕勒宣告：

> 經過連續三十年的事態發展，法國大革命證明一件事：人想要自主行動而鄙棄宗教，除非在過程中淪入更

深的奴役，否則無法解開壓迫他的鐐銬。[5]

在這裡，柏克的揣測已經轉為一條嚴格的歷史定律，而得以作為歐洲神聖同盟的意識形態支柱。

柏克預測法國大革命進展的詭異能力，有人認為是源於他熱烈介入了大革命。[6]但是，我們或可提醒讀者，他對悖謬作用的鋪陳方式，其實有一個知識上的源頭。柏克浸淫於蘇格蘭啟蒙學派的思潮之中，而蘇格蘭學派很強調人類行動的「非意圖結果」。運用這個概念最有名的，就是亞當·斯密的「看不見的手」原理；柏克曾經表示他完全贊同斯密的經濟評論。

如同之前的曼德維爾、巴斯卡、以及維科等人，斯密早已說過：受到貪婪和奢華之欲（曼德維爾所說的「私人惡行」）驅策的個人行動，是如何可能產生某種正面的社會效果，而形塑一個更繁榮的共同體。貪婪和奢華之欲，講得好聽一點，就是「自利」的概念。歌德在十八世紀末，曾以詩歌來表達同樣的理念，他把魔鬼梅菲斯特（Mephisto）的本質，界定為「一種永遠求惡得善的力量」。

因此，事情偶爾會「適得其反」的這種論點，在知識領域已經準備就緒。當柏克面對法國大革命試圖重建社會之史無前例的任務時，他就是把梅菲斯特那句話裡頭的善惡對調過來，進而斷言革命派追尋公共福祉的社會結果，必定是邪惡而悲慘的，並且會跟他們所聲稱的目標與希望全

然背道而馳。

從某個角度看，柏克的命題不過把十八世紀一個眾所周知的主題，做個小小的變奏；

而他自己可能也這樣認為。但換個角度看，這卻是從啟蒙精神到浪漫主義一個激進的意識形態轉換，而關於進步，也從樂觀主義轉折到悲觀主義。歷史上許多重大而看似突兀的意識形態轉換，往往是這樣產生的。形式上，它們只不過把習以為常的思考模式，做些細微的修改；但是這新的變奏，卻與先前截然不同的信仰與命題緊密**鑲嵌**在一起，而形成一個全新的結構形態。所以到後來，我們幾乎無法辨認出老幹和新枝之間的關聯。

就目前討論的這個案例而言，當時人們對於世界秩序的新期望正在緩緩浮現，構成這類意識形態轉變的肇端。從十六世紀開始，人們普遍同意，不能再寄望宗教信條和道德勸戒來約束和重塑人性，進而保障社會秩序和經濟福祉。隨著十七、十八世紀工商業的興起，一些有影響力的人物提倡：某些難以根除的人類「惡行」，例如只顧追求自身的利益，若經適當引導，就能產生差強人意的社會秩序，甚至是進步的社會。對巴斯卡、維科、歌德等人而言，這個弔詭的社會過程，暗示著有個神意（Providence）在調和人類社會。這神意格外**慈悲**（benign）、寬恕、而有益於化惡為善。當工商業追求自利不再帶有污名、而且還被賦與社會地位之時，神意的說法所捎來的樂觀消息，也就進一步被提升了。這樣的發

展，或許是因為人們在判斷是非時，難以區分手段和目的。假若某些手段導致令人嫌惡的結果，那麼長期而言，我們就很難辯稱，造成這種結果的動機與行動，值得我們稱頌。反過來說也一樣：假如結果是良善的，終究會反映在行動中。然而，一旦手段和目的之間、或者過程和結果之間的尖銳對比不復存在，就不再那麼急迫需要藉助神意的調和魔力——斯密的看不見的手，世俗化而且有點蒼白，事實上幾乎不允許神意的存在。*換言之，對於十八世紀的心靈而言，即使神的奧援逐漸撤離，社會還是可以站穩腳跟，而且美妙運轉——或許可以順道一提，這種沒有上帝的社會觀，比起一個世紀之後，杜斯妥也夫斯基以及尼采同樣討論的「上帝不存在」問題，更不具有悲劇性。

法國大革命的種種事端，使得關於人類行為之非意圖結果的思考，獲得新的動力。由於尋求自由卻導致恐怖和暴虐政治，大革命的批評者在個人意圖和社會結果之間，察覺到一種嶄新而非比尋常的斷裂。神意再度發生積極的作用，但這次卻一點也不慈悲：她現在的任務是**阻撓**人類的計劃。人類意圖建造理想社會，結局如果不是變成犯罪和褻瀆神明，

* 維納在一九六六年演講《神意在社會秩序中的角色》（Jacob Viner, *The Role of Providence in the Social Order*, American Philosophical Society, 1972），尤其是第三講〈看不見的手與經濟人〉中，解說目的論式思考如何持續在斯密身上發揮影響力。確實很顯著地，斯密提出「看不見的手」這個世俗化的概念，是為了取代神意的概念；神意這個概念，在大部分的早期著作中，慣常被援引來表達一種目的論式的自然與社會秩序觀。

就是天真和荒謬一場。誠如席勒在其最著名但極端保守的詩集《鐘之歌》中所寫的：妄念之人乃「恐怖之最」，必須給他一場即使嚴厲但對他有益的教訓。

尤其是梅斯特，將他所看到的神的旨意在大革命的作用，賦與純然殘酷的意涵。在《法國諸論》一書中，梅斯特認為，大革命為自己招來屍橫遍野的長期衝突，乃是神意。

他論稱，假若反革命運動早點成功，革命份子就會公開受審，那麼下面這兩件事的其中之一必定發生：要不是輿論認為對他們的指控太過頭；不然就是他們會逃過一劫，因為司法機關只會懲罰少數罪大惡極的元兇。梅斯特接著宣告：「此皆非神意」。她之所以如此巧妙安排事件發生的順序，就是要讓更多的罪犯「死在他們自己共犯的手裡。」*

最後，在他那本書即將結束之處，梅斯特提出一個極盡誇張的悖謬論公式，以之詮釋神意的精髓。當梅斯特在冥想那必然發生的反革命和王權復辟，將如何具現之時，他首先宣佈說：「群眾……從來得不到他們想要的。」接著將其思

---

* 《法國諸論》（*Considérations sur la France*, Jean-louis Darcel ed., Geneva: Slatkine, 1980），頁七四至七五。梅斯特一定是反省到他這個詭異的想像力，即使對他自己而言都說太過頭了，所以他才會把以下這一節相關的文字，從決定版刪除：「〔神意〕下達其判決，而讓那些罪犯執行自相殘殺的判決書。或許她會將少數一兩個人，交由人間司法單位處置。當後者再度執行其權利時，它至少不會因為罪犯數目龐大而不堪負荷。」（頁七五註釋。）〔除非另有說明，本書中所有的譯文，都是作者（赫緒曼）自己翻譯的。〕

考推至極致：

> 我們甚至可以注意到神意有點矯情（請允許我使用這
> 種說法）：人們試圖達成某種目標的努力，正是被神藉
> 以用來阻止人們達成那個目標。……假如有人想明瞭法
> 國大革命的可能結局，只消檢視所有派系一致同意之
> 處：所有人都想要……摧毀普世的基督教和王權體制。
> **正因為如此，他們努力的最後結果，反而榮耀了基督教
> 和王權。**
>
> 所有曾經寫作過或沉思過歷史的人，必定會仰慕這個
> 嘲諷人類意圖的神祕力量。*

我們難以冀望還有比此更加極端的說法了。神意分毫不
差地安排人類的行動，而導致與人類意圖正好相反的結果。
梅斯特的神意觀念提醒我們，有些父母看到子女悖逆的乖張
行為，就想到一個點子，叫小孩做與他們的期望完全相反的
事情。當然，大部份的父母很快就明白，這樣的點子沒有他
們原本想的那麼聰明。

梅斯特所建構的神意概念，毫無疑問地，格外具有精密

---

* 前揭書，頁一五六至一五七。重點強調乃原文所有。梅斯特在行文中使
  用各種強調符號和括弧文字。這透露他對其深刻而大膽之見識的亢奮之
  情。關於梅斯特的思想源流和伊底帕斯神話之間的親密關聯，見本書第
  四章。

策劃的復仇性格，並且能夠完美無瑕地召喚出悖謬作用。但是其悖謬論的基本特徵，仍然如出一轍：人是註定被嘲弄的——不管是被神、或是被那些看穿神意而享有特權的社會分析家——因為當一個人著手進行激進的社會改良計劃，他根本就走入歧途。要讓一個人看起來既似蠢蛋、又像個罪犯，除了證明他所成就之事恰與其宣揚意欲達到的目標相反，還有什麼更好的方法？尤有甚者，反對某個憎惡的政策，但不想對該政策目標進行正面攻擊，還有比運用悖謬論更妙的說法嗎？

## ▶ 普遍選舉權，及其所謂的悖謬作用

在十九世紀選舉權擴張的歷史階段，同樣的思路再度浮出檯面。這一次則是由新興的社會科學提出種種新的理由，用來主張選舉權擴張過程有不可避免的悖謬結果。為了理解這些論證浮現之際的意見氛圍，我們需要知道當時人們對群眾以及群眾參與政治的態度。

近代史上經常爆發各式各樣的社會衝突，因此社會衝突的爆發，和敵對公民團體間態度對立的強度，這兩者之間就被認為存在著密切的關連。美國為了黑奴問題，已經打過一場長期的血腥內戰，因此每個人都相信，關於黑奴問題的意見分歧必定尖銳而深刻。相反地，在十九世紀的西歐，因為選舉權的取得相當漸進而平順，人們就以為選舉權的擴張，

並沒有遭遇強烈的反對意見。沒有比這個想法更偏離史實的。別的不提，歐洲是一個高度階層化的社會，上層階級和中間階級極端輕視下層階級。不妨回想一下，像柏克這樣一個開明而不特別具有貴族氣息的人，都在《法國大革命反思》裡面寫道：「對任何人而言，理髮師或蠟燭匠都不是高尚的職業……何況許多更低賤的工作……如果允許他們來統治，國家就會慘遭壓迫。」之後，他又順道評論：「從社會經濟的角度，那些無數低賤、下流、粗俗、柔弱、而且常常是最不健康的、帶有傳染病的職業，是註定要由這許多悲慘的人來做。」[7]

這樣不經意的評論暗示著，柏克對「下等人」的主要情緒，與其說是階級對立以及害怕他們反叛，倒不如說是純然輕蔑的態度跟完全隔離的情感，甚至就像在種姓社會中不想接觸到他們身體的那種嫌惡感。這種情緒一直延續到十九世紀，而且隨著工業化的腳步，大量貧窮的鄉村居民湧入城市而更加深化。不久之後，尤其是在一八四〇年代，當柏克眼中這些「悲慘的人」，走上街頭演出政治暴力，這種情緒又跟恐懼結合起來。一八四五年，年輕的布克哈特旅居巴賽爾，他在鄰近的洛桑歷經一場群眾暴力事件後，從巴賽爾寫信給朋友：

> 瑞士的情況是那麼令人噁心而野蠻，把我所有的事情都搞砸了。我將儘快撤離……自由這個口號喊得如此動

CHAPTER 2 ——悖謬論
The Perversity Thesis

聽,但是,一個人如果沒有體驗所謂「人民」的喧鬧群
眾所造成的奴役狀況、沒有目睹那持續的社會動盪,就
沒有資格去談論這件事……我太了解歷史了,這種群眾
專制只會導致未來的暴政,那將會是歷史的終結。[8]

　　我們很容易收集到更多的證據來說明,群眾政治參與的
理念,對於當時歐洲一大部份的菁英而言,看起來是多麼偏
差,而且帶有潛在的毀滅性;縱然這種群眾參政其實只是摻
過水的普選權。福樓拜對普選權恨之入骨,經常用它來揶揄
人類的蠢行。他在《鄙俗理念辭典》一書中,把普選權當作
「政治學的最後一個名詞」,乃極盡諷刺之能事。他還在書信
中把普選權說成「人類精神之恥」,並將之等同於君權神授、
教宗無誤等荒謬觀念,或甚至比這些觀念還更糟糕。這種種
判斷的根據,是他認為「人民」、「群眾」總是(白癡般)愚
蠢、拙劣、而且「長不大」。[9]總體而言,福樓拜最瞧不起的
是布爾喬亞階級的荒唐行徑。話雖如此,福樓拜可一點也不
保留他對群眾的負面情緒。有一回他曾挖苦說:「有些人夢
想著把無產階級,提升到布爾喬亞階級的愚蠢程度。」[10]這
裡,他對兩者的輕蔑態度已經無分軒輊。在歐洲其他地區,
類似的情緒也甚囂塵上。普選權愈是橫掃歐洲,菁英堅決反
對普選權的聲浪就愈高亢。對尼采而言,大眾選舉制度是人
類「烏合之眾本能」的終極表現。尼采創造烏合之眾本能這
個詞,業已透露他對民主政治潮流的污蔑態度。即使在當時

25

被奉為進步的社會批評家易卜生，也激烈抨擊多數決和多數統治原則。在他《人民公敵》\*這部劇作裡，英雄人物史塔克曼醫生如是咆哮：

> 在任何一個國度，是哪些人形成多數？我想大家都會同意，綜觀世界，笨蛋們已經成為令人驚恐而所向披靡的多數！但是，天啊！讓笨蛋統治聰明人，絕對不會是正確的事情！……很不幸地，多數人掌握了權力……但多數絕非代表正確！正確的人，只有像我這種少數孤立的個人！只有少數人才會永遠正確！11

　　同樣起源於十八世紀的兩條思路，在這裡發生了值得留意的交錯碰撞：一條思路是要求民主政治以及所有公民的權利平等，另一條則是「少數孤立的個人」的存在、及其特權地位。易卜生在此顯然指向**天才**這個概念；在啟蒙時代由狄德羅、郝威修思、與其他人精心發展出來。12

　　上面所述是馬歇爾界定的第二波進步潮流（政治平等通過選舉權而降臨）所處的（公共）意見氛圍。這個「進步」潮流的體現，不同於自由貿易這樣的理念，從來沒有獲得（即使只是一、二十年的）意識形態霸權，至少在十九世紀是如此。相反地，十九世紀後半葉，民主政治形式的進展，

---

\* 編按：繁體中譯本《國民公敵》由書林出版。

即便毋庸置疑，仍然處於紛至沓來的懷疑和敵視氣氛。接著
在十九世紀末，這種心態在社會科學理論中，找到了更加精
緻的表達方式；當時醫學和生理學的發現指出，人類行為受
非理性力量左右的程度，遠比以前所知道的要多得多。故而
得以證明，政治管理立基於普選權的理念，是過時的產物；
普選權不過是啟蒙時代堅持理性信仰的退化遺跡。這種信
仰，現在不僅能夠被證明是「膚淺」（此乃浪漫主義的典型
批判），而且根本就是錯的。

　　以這種態度對選舉權和民主政治的進步展開反動論述的
幾種政治理念當中，最突出而影響深遠的是雷朋在一八九五
年出版的暢銷書《群眾心理學》\*中提出的論點。這再一次說
明了悖謬作用對反動思想家的吸引力。

　　雷朋的主要論證，是使用經濟學家稱之為**加總謬誤**的
概念，來挑戰種種通俗說法。加總謬誤主張，適用於描述個
體的特質，並不必然適用於描述團體，遑論群眾行為。雷朋
的立論，乃根據一種尖銳的個體和群眾的二分法：個體是理
性的，或許都是世故老練而精於算計；但群眾是非理性的、
立場容易搖擺不定、無法權衡正反意見、未經思索便熱情高
漲等等。雷朋的這種說法，乃是受到晚近醫學研究對疾病傳
染和催眠等研究的影響。但是，他卻沒有注意到同時期佛洛
伊德研究工作的進展；佛洛伊德很快就提出個體的行為，乃

---

\* 譯註：中譯本《烏合之眾》於二〇一一年由臉譜出版。

受制於各種無意識的衝動。*雷朋偶爾賦與群眾若干正面的評價，因為他們有自我犧牲的能力（例如戰場上的士兵）。即便如此，毫無疑問地，他還是將群眾視為一種低階的、有著危險活力的生命形態：「群眾不假思索即付諸行動。」[13] 群眾行動的方式，不是脫序「暴民」的失控爆發，就是由煽動家所組織的情緒激昂而催眠般的群眾運動。這些煽動家是**叛黨頭目**，而非**正當領導人**。他們知道怎麼利用雷朋所熱心提供的幾條簡單的法則，來奴役群眾。

　　時值世紀末的歐洲，雷朋的理論有著明顯的政治意涵。國內和國際秩序的前景，在他的理論看來，是相當黯淡的：隨著選舉權的擴張，雷朋眼中非理性的群眾，在愈來愈多的國家，變成主要的行動者。尤有甚者，他在書中最後兩章，〈有選舉權的群眾〉以及〈議會組織〉，提供了反對現代群眾民主政治的具體論證。在這裡，雷朋並沒有直接反對普選權。而是，像福樓拜一樣，他視之為一項荒謬的教條，如同以往的迷信，必將不幸地導致極大傷害。他採取人類愚蠢行徑記錄者那種聽天由命的立場，如此寫道：「只有時間可以對他們發生作用。」雷朋倒沒有主張，為了改良這種制度而回頭限制

---

* 奇怪的是，當佛洛伊德在一次世界大戰後，轉向群眾心理學問題的研究時，並沒有評論到雷朋的群眾和個體二分法，從他自己的理論觀點而言，確實是過度誇張的說法。參見佛洛伊德在《團體心理學與自我分析》（*Group Psychology and the Analysis of Ego*, 收錄於《佛洛伊德全集》[*Works*, London: Hogarth, 1955] vol. 18, pp. 72–81）中對雷朋和《群眾心理學》相當正面的評價。

投票權。他將群眾永遠盲昧的基本原則運用得非常一致，既不管群眾是由哪些人構成的，也不問他們作為個體所具有的特質：「四十張院士的選票，並不會比四十張運水伕的選票來得重要。」他如此寫道，順便侮辱一下法蘭西學院的四十個院士。他很氣憤自己被排除在這個菁英組織之外。[14]

雷朋這個非改良主義的立場，使他可以冷酷地描繪普選權的毀滅性後果：他最早指出，議會民主制度如何為了因應派系利益的壓力而助長更多公共開支的趨勢。這個說法預示了我們這個時代的「公共抉擇」理論。直到他書中最後的高潮之處，他才訴諸悖謬作用的論證：浮誇的民主政治，將會透過許多法規而逐漸轉變成官僚統治；這些法規之所以通過，乃由於「幻想平等和自由會因此更受保障。」[15]為了支持這些論點，他引用史賓賽晚期的論文集《人與國家的對立》。史賓賽在當時是個已經轉向極度保守的科學權威。史賓賽也選擇悖謬作用，作為他的論述主題，尤其表現在題為〈立法者的原罪〉這篇文章中。他提出一個非常空泛的公式：「（那些）沒有識見的立法者，為了減輕人類苦難所做的種種努力，反而不斷加深他們的痛苦。」[16]

於是，一群社會分析家，再一次毫無招架之力被悖謬論吸引去嘲諷試圖改良世界的人。單單說這些天真的淑世者（Weltverbesserer）成事不足是不夠的，他們尚須證明這些人事實上是（允許我在此杜撰一個對照的德文名詞）敗事有餘之徒（Weltverschlechterer）；他們在任何「改革」確立之前，已經

把世界搞得比以前更糟。*此外，這些分析家必須指出，情勢的惡化正是發生在預期出現改革成效之處。

## ▶ 濟貧法與福利國家

悖謬論的這種論證方式，在第三個反動階段顯得特別突出。這就是我現在要討論的問題：當前對現代福利國家各種經濟與社會政策的攻擊。

自律性市場觀念是經濟學的一個核心教義。在經濟學中，悖謬論和這個核心理念緊密扣連，其程度遠甚於其他社會和政治科學。這個理念的支配力強大無比，以至於任何試圖改變市場結果的政策，例如價格和工資，都會自動構成對完美運作之均衡過程的惡性干預。即使是一些贊同某種所得與財富重分配的經濟學家，也都傾向認為大刺刺的「民眾主義式」**干預措施會產生反效果。

市場供需機制會對人為干預手段做出反應，因而導致悖謬作用，這是經常被提出的說法。例如，當我們對麵包價格設定上限，就會使得人們將麵粉用來生產其他產品，於是麵包的黑市就會形成，結果是麵包的平均價格不降反升。類似的情況還有，當設定或調高最低工資之後，就業率將會降

---

\* Weltverbesserer 這個字在德文中有嘲諷的意味。這或許是導因於後來在德國常被拒斥為「膚淺的」啟蒙的一種特別強烈的反感。

\*\* 譯註：populist，或譯「民粹」。

低，於是工人的總收入不增反減。這種情況正如傅利曼以其
慣有的確鑿語氣所言：「我們如果要找出一個用意良善的人
們所支持的干預手段，卻剛好產生反效果的案例，那麼最低
工資法大概是最好的例子。」[17]

其實，根本沒有什麼明確的證據，可以證實這種悖謬論
的說法，尤其像工資這麼基本的經濟參數的例子。一旦實施
最低工資，潛在的勞動力供需曲線可能跟著變動；政府強制
調升工資之後，也可能對勞動生產力產生正面作用，而有利
於提高就業水平。對這些效果的預期，確實是實施務實的最
低工資政策的主要理據。最低工資的宣告，的確對勞工的勞
力付出與僱主出價的條件有一定影響力，不過之所以有影響
力與其說是因為懲罰的威脅所致，倒不如說是來自最低工資
所隱含的道德勸說以及公開、公平標準的建立。但是，由於
無法被否認其可能性的悖謬結果佔了一個絕佳的爭議位置，
自然在關於最低工資的論戰中，它總會摻上一腳。

長久以來對於窮人的社會救濟等問題的討論，充份闡明
種種不同論證的來龍去脈。既然某些社會成員變成低所得者
是市場機制造成的，那麼對窮人提供救濟，就被公認是故意
粗率地干預「市場作用」。社會救濟政策會導致悖謬作用的這
種經濟學論證，最早是在英國關於濟貧法的辯論中被提出的。
從狄福到柏克、從馬爾薩斯到托克維爾等濟貧法的批評者，
都對濟貧法作為「（社會）安全網」這種觀念嗤之以鼻；安全
網是我們當代的用語，它意指提供保障給那些在經濟競爭中

落後、但其生計困難卻不能歸咎自己的人們。反對者論稱，既然人類「天生好逸惡勞」，安全網這種「天真的」觀點，便忽略了供給面的反應；亦即，忽略了內建於濟貧政策的誘因：社會救濟鼓勵「懶惰」和「腐敗」，因此**製造**了貧窮，而非減緩貧窮。底下是十九世紀早期一個英國作家提出的典型論點：

> 濟貧法的目的是為了減少乞丐；但反而使乞丐成為一種合法的行業。濟貧法用意高尚，包含了美德理論的一切；但結果卻產生了一切的惡行……濟貧法是為了減輕人們的苦難而創立的，但反而成為苦難的最大製造者。[18]

一百五十年後，我們可以在梅瑞《失去立場》這本書中，讀到對美國福利制度最廣為人知的攻擊：

> 我們努力給窮人更多，反而產生更多貧窮。我們努力拆除逃離貧窮的障礙，反而在無意中設立了一個新的陷阱。[19]

這段話除了稍微降低一點十九世紀的花腔之外，仍是唱著同一個調。悖謬作用不管是在早期或晚期資本主義，似乎仍然在奮鬥不懈地運作著。

然而，這意識形態的景觀並非一百五十年來都一成不變。梅瑞那本書的風行，其實大部份的原因是它的主要論

點,如其書名所顯示的,有個相當新鮮的樣貌。任何理念,
幾乎只要一陣子不見蹤影,就有很大機會被誤以為是原創的
洞察。理念的原意何以隱藏了起來,這跟我們底下要講的故
事有若干關聯。

　　博蘭尼在《鉅變》*中提出一個不同凡響的見解:英國的
濟貧法體制,尤其經過了一七九五年史賓翰連法的補充與增
強,試圖藉由公共救濟,掌控勞動力自由市場及其對社會赤
貧階層的影響,進行最後的努力。這個新的濟貧方案,尤其
是在農業部門,補助低工資,有助於確保社會安定,並且在
拿破崙戰爭時期維持穩定的糧食供應。

　　然而,緊急狀況一旦解除,這個結合了救濟和工資制度
所累積起來的缺失,就備受攻擊。由於得到邊沁、馬爾薩斯、
李嘉圖等人提出的新政治經濟學的「定律」的支持,反對史
賓翰連法的聲浪高漲,以至於在一八三四年的濟貧法修正法
案(或稱「新濟貧法」)中,把社會救助的範圍,完全限定
在濟貧工廠之內。這種勞動救濟的組織,試圖一勞永逸解決
任何可見的悖謬作用,以便回應那些批評早期濟貧制度過於
寬鬆的人。為了這個目的,新的設計旨在阻止窮人訴諸公共
救助,而且將那些接受救濟者污名化,其手段是:「(把他們)
監禁在濟貧工廠裡面,強迫他們穿特殊的制服,使他們與其

* 編按:繁體中譯本《鉅變:當代政治、經濟的起源》於二〇二〇年由春
　山出版。

家庭隔絕，切斷他們和貧窮世界的一切聯繫，而且當他們死亡時，還提供他們的屍體作為解剖之用。」[20]

這種新的體制實施不久便遭受激烈的批評。早在一八三七年，迪思瑞利在其競選活動中，就曾嚴辭攻擊：「我認為這個法律使國家蒙受史無前例的羞辱。它既是道德上的罪惡，也是政治上的愚蠢疏失，它向全世界宣告，在英國，貧窮是一種犯罪行為。」[21]

新濟貧法的批評者來自四面八方。一個特別有力而影響深遠的控訴，是狄更斯於一八三七至一八三八年出版的《苦海孤雛》。在這個法案實施之後的十年間，反濟貧法的運動風起雲湧，引發無數的示威和暴動。結果，這個法律的條文並沒有完全實施，尤其是在英國北部——反對運動和紡織工業的中心。[22] 令人不安的情勢十分清楚：一八三四年新濟貧法引起的諸多罪惡——社區的消失、社會禮儀的淪喪、以及社會內部的爭鬥——可能比它宣稱的執意要消滅的「鼓勵遊惰」，還要來得嚴重。湯普生回顧評論道：「一八三四年的法案……或許是英國史上，棄人類需求於不顧，而強加意識形態教條（於窮人之上）的最頑強的嘗試。」[23]

由於實施新濟貧法的經驗如此痛苦難忘，以至於促成採行此法的論點——主要是社會福利救濟導致悖謬作用的說法——有很長一段時間惡名昭著。這或許是英國的福利國家立法，能夠在十九世紀末、二十世紀初，相當平順（若說有些緩慢）出現的一個原因。

　　在沉寂一段時間之後，這種論證重新出現，尤其是在美國，但不是以前文引用過的梅瑞在《失去立場》中的那種粗糙的形式被提出。相反地，新的說法就像把舊酒裝在絢麗的新瓶中。因而，早期美國對社會福利政策發動全面攻擊的論文中，有一篇（寫於一九七一年）的題目耐人尋味：〈社會系統的反直觀行為〉。[24]作者是佛瑞斯特，他是應用電腦模型模擬社會過程的先驅者，也是當時由深具影響力的一群國際知名人士組成的羅馬俱樂部的顧問。他的這篇文章，乃是法國人稱為知識恐怖主義的一個很好的例子。文章一開頭，讀者就被告知，我們很難了解社會如何運作，因為我們處理的是「複雜而高度互動的系統」，各種社會秩序的安排「屬於一種多迴路的非線性反饋系統」，以及宛如祕境的「系統動力學」，這是人類的腦力難以領會的。只有受過專門訓練的電腦專家才能夠解開這些謎團。那麼，佛瑞斯特自己到底獲得了什麼啟示？「有時候，社會程式會導致和預期正好相反的結果！」例如，大部份的都市政策，從創造就業機會到提供低廉住宅，「由對城市經濟狀況的影響或對低收入人口的長期效應來判斷，不是沒效果，就是有害。」換言之，梅斯特的復仇之神，以佛瑞斯特的「反饋迴路動力學」的面貌，再度降臨人間；而其結局都是一樣的：人類任何改善社會的企圖，只會把事情弄得更糟。

　　若把那篇文章中的高科技語言拿掉，剩下的不過是對美國總統詹森大社會計劃普遍失望的反應。如同經常發生的，

該計劃所做的承諾過於誇張，引起了同樣誇張的**全面失敗**的指責。我曾經在一本討論拉丁美洲的政策制定的書中，花很多篇幅來描述這類指責計劃失敗的知識立場。\*

　　同樣發表於一九七一年，由葛雷熱執筆的一篇很有影響力的文章〈社會政策的侷限〉，也加入了佛瑞斯特的悖謬論陣營。這篇文章以不祥的預兆開頭，「普遍有一種感覺，我們正面臨社會政策的危機」，而且作者一點也不浪費時間，就接著以相當概括性的語氣宣稱：「我們處理困境的努力本身就會增添困境。」25

---

\* 在《邁向進步的旅程》（*Journey Toward Progress*, New York: Twentieth Century Fund, 1963）一書中，我研究了長期困擾三個拉丁美洲國家的三種政策難題。其中一個是哥倫比亞的土地租佃制度的改革。這個改革過程中一個重要的事件是，一九三六年通過的土地改革法（第兩百號法律），目標是要讓佃農擁有土地，並且改善都市居民在各方面的生活條件。根據當地大部份人的說法，改革的結果完全是背道而馳：該法案的通過，使得地主收回佃農承租的土地，因而使他們成為沒有土地的勞工。我懷疑，這種自動反射動作式的悖謬論說詞，對於保守和「激進」作家的歷史記載、新聞評論、政治演講而言，都有添油加醋的作用。在研究歷史檔案之後，我相信第兩百號法律的效果受到歪曲，而事實上它達成了許多成果（見《邁向進步的旅程》，頁一〇七至一一三）。這顯示我在很多年前，就已經和悖謬論的誇張說法在搏鬥。

在拉丁美洲，公共政策被吸納的經驗、以及歷史被書寫的方式等種種類似經驗，使我想到政策分析和歷史編撰的工作，乃強烈烙印著某種「失敗情結」；之後我發明了「失敗偏執症」（fracasomania）這個詞，並且不斷使用它。現在我領悟到這種文化詮釋太狹窄了。使用悖謬論的思路來做論爭，就像在哥倫比亞那些評論第兩百號法律的人所堅持的論證形式，其實對各方人馬都有吸引力，而不必然是受到失敗偏執症的影響。

　　葛雷熱在推導這種讓人洩氣的結論時，並沒有訴諸電腦模型，而只是說明了一些簡單的社會學理由。他論稱，福利政策所處理的社會困境，一向是由傳統社會結構來承擔，例如家庭、教會、或地方社區組織等等。隨著這些結構的崩解，國家介入並且取代它們的功能。在這個過程，國家更加弱化那些殘存的傳統社會結構的功能。於是，公共救助的需求，就會比原先預期的增加更多，最後反而使情況更加惡劣。

　　葛雷熱設定的悖謬作用所能造成傷害的範圍相當窄，完全要看當福利國家介入之際，傳統結構還剩下多少功能；而且也要看他這個假設（傳統剩餘結構將隨之立即解組，而使國家承受比預期更多負擔）的精確性。我們懷疑，這兩種救助的資源，是否真的無法並存？或者，兩者是否可以互補？[26]

　　無論是哪種情況，葛雷熱的推理方式，對於在八〇年代流行的強硬保守情緒而言，是太過軟性的「社會學調調」。梅瑞關於社會福利政策悖謬作用的陳述，回歸到英國十九世紀早期濟貧法改革的鼓吹者那種直截了當的推理方式。梅瑞就像那個時代的人，從最簡單的經濟學教義獲得靈感。他論證說，窮人在美國所能得到的公共救助，對於低薪勞動者或是潛在的低薪勞動者（他筆下著名的兩個主角「哈洛德」和「菲莉絲」），乃是一種無法抗拒的誘惑。福利給付讓他們趨之若鶩並且深陷其中，因此永遠「耽溺」於遊手好閒和貧困的環境。假若事實果真如此，美國濟貧政策之「創造貧窮」

的悖謬作用，必定會使美國出現大量悲慘的貧窮人口。

## ▶ 對悖謬論的反省

　　我的目的不在討論美國和其他國家反對社會福利政策
的各種實質論證，就像先前我也沒有直接駁斥柏克或雷朋一
樣。我想要說明的是，這個「反動」階段的論述主角，就像
在早期階段的論述者，如何不斷被同樣的論證形式——也就
是悖謬作用的說詞——所強烈吸引。我必須為我單調的行文
方式道歉；但是，如此做是刻意的，因為這樣才能證明我的
論點：援用悖謬式的論證，乃是反動修辭的一大根本特徵。
這樣的論證反覆被使用，可能會不幸地讓人以為悖謬作用無
所不在。事實上，我的目的就是要提出以下兩個同等重要的
命題：（1）反動思想廣泛訴諸悖謬作用；**以及**（2）反動思
想家談及的悖謬作用不可能原本就存在「那裡」，如他們所
宣稱的程度。我現在要很簡潔地討論這第二個命題。

　　社會科學的偉大洞見之一——維科和曼德維爾已經發
現，而且經過蘇格蘭啟蒙學派的弘揚——就是觀察到，人們
由於缺乏遠見，其行為容易產生相當程度的非意圖結果。自
從那個時代以來，對這種非意圖結果的偵搜和系統性描述，
如果說不上是社會科學的存在理由，也是其主要任務。

　　悖謬作用是非意圖結果一種特別和極端的狀況。在此狀
況中，一般人的行為是如此徹底缺乏遠見，以至於分析者可

以看到，他們的行動產生了恰恰與他們的意向相反的結局。

分析悖謬作用的社會科學家，在此體驗到一種極大的優越感，而且樂在其中。當梅斯特在討論人類歷史中源源不絕的戰爭時，他在令人毛骨悚然的篇章中，竟如此天真地說：「在大災難中揣度神的旨意，何其美好。」[27]

然而，這種甜美而自吹自擂的心境，應該讓那些悖謬作用的分析家，還包括我們自己，保持警惕：他們是否只為了自我感覺良好，而擁抱悖謬作用？當他們描繪一般人如何在黑暗中摸索前進，同時對照自己的清明睿智，莫非過份傲慢？再者，他們在分析某個計劃或某個政策時，只把焦點放在一個對他們有利而且極其簡化的結果上面，這種做法豈不太過便宜？我們可以論稱：悖謬作用本來只是非意圖結果的一種概念上的變貌；最後卻變成是在否定、甚至背棄非意圖結果。本來，非意圖結果的概念，是為了把不確定性以及開放性結果，導入社會思想。但是，經過這些悖謬作用鼓吹者的自由發揮，卻把視野縮小，而再一次將社會世界視為全然可預測之對象。

繼續深入思索悖謬作用的系譜，是很吸引人的事情。前面已經論及，由梅斯特、慕勒、以及其他人所提出的悖謬作用的明確公式，從法國大革命的序列事件得到很大的助力。但是，悖謬論對我們思考模式的影響，還可以追溯到遠古。

希臘神話中，隱含一個熟悉的（關於悖謬作用的）故事：人類採取某個行動，最初頗為順利，然而成功導致驕傲，因

緣際會，便引來挫折、失敗、與災難。這便是希臘神話有名
的「驕傲導致報應論」（Hubris-Nemesis sequence）。希臘諸神會
對人類的傲慢和野心給予恰當比例的懲罰，祂們之所以如此
做，或者出於忌妒，或者因為祂們有責任守護由莊嚴神話構
成的現存秩序。

在這個古老的神話中，人類渴望變革卻導致悲慘的結
局，是以神的干預為前提。霍布斯附和這個概念而寫道：那
些宣稱「要改革共同體的人，將會明白他們因此而毀了共同
體……這種變革的欲念，就像是背棄了（摩西）十誡的第一
誡。」[28] 啟蒙時代的精神不同於霍布斯，它抱持著人有能力
改變和改良社會的高尚理念。再者，它認為古代的神話以及
神意干預的故事，都是迷信。因此，假如報應伴隨著驕傲而
來的這個理念，要繼續存在下去，它需要經過世俗化和理性
化。這樣世俗化和理性化的需求，在十八世紀末之人類行動
導致非意圖作用的觀念中，臻於化境——尤其如果悖謬作用
是最後的結果。有了這般新穎的「社會學」洞見，就無須訴
諸形上學的論證，縱使神意論繼續被梅斯特等人密集援用。

悖謬作用因此有著許多知識上的吸引力，而且它是以
根深柢固的神話為後盾。這樣說並不是要否認，有目的性的
社會行動有時確實會導致悖謬作用。但是，悖謬作用常被援
用的原因，與其內在的真理價值並無很大的關連。我如此直
揭問題本質，旨在質疑悖謬作用的出現，是否真如論者所言
那麼頻繁？現在，我將以比較直截了當的方式，證實我的懷

疑。我認為，悖謬作用絕不是我們可理解之非意圖結果與副作用的唯一形態。

非意圖結果和副作用這兩個詞彙，實在有點令人遺憾，因為它們窄化了我們的視野。亞當‧斯密在《國富論》提出看不見的手的原文脈絡中，他所談論的個體是為自己的利益而行動的個體，這個個體「促成一個**非其本意**的結果」（重點強調乃作者所加）。在此脈絡中，這個（非意圖的）結果當然是好的──它增加了社會的「每年總產值」。然而，一旦這個斯密式的概念廣為流傳，並且演變成「非預期的」或「非意圖的」後果，它很快就獲得一種全然負面的意涵；「非意圖的」很容易偷渡成「非欲求的」，進一步變成「不可欲的」。* 不過，「副作用」這個詞的典故，就比較沒那麼複雜。這個詞起源於醫學，尤其是藥劑學，在這個領域它一直**保有**貶損的意涵。一種藥物在治療某種特定的感染時，它的直接療效，總是需要和它的副作用權衡輕重。因此，非意圖結果和副作用這兩個詞彙，都（已經）蘊涵了負面的含意，而變成悖謬作用的近親，雖然它們絕非悖謬作用的同義詞。

事實上，人類行動中顯然有許多種類的非意圖結果和副

---

\* 儘管墨頓警告說：「**事先預期不到**的結果，不應該跟必然不可欲的結果混為一談。」但是，這種意涵的轉化還是發生了。見墨頓的經典之作：〈目的性社會行動的非預期後果〉（Robert Merton, "Unanticipated Consequencesof Purposive Social Action," *American Sociological Review* 1 [December 1936], p. 895）。

作用,是**備受歡迎**而非惹人生厭;受歡迎的非意圖結果,不單是斯密所指出的那一種而已。歐洲經濟史和社會史的學者熟悉的一個例子是,普遍徵兵制對識字率的正面作用。類似地,公共義務教育的制度,也使得許多女人獲得就業的機會──這明顯出乎意料,但卻可能帶來非常正面的發展。我們都不夠注意這種備受歡迎的非意圖作用,因為它們沒有帶來亟需提出或「解決」的難題。

在思考所有各種可能性之際,我們同時要留意那些比較沒有伴隨非意圖結果(不論這些結果受到歡迎與否)的行動、政策、以及(制度)發明。這類案例常遭全面忽略。例如,那些強調失業福利或福利給付會帶來悖謬誘因的人,從來沒有提到,社會救濟有很大範圍,不太受所謂「供給面反應」的影響(而這個供給面反應,正是所謂悖謬效果可能發生作用的起因):人們不可能會為了獲得社會安全給付或減稅的資格,而挖出自己的眼睛。當十九世紀末,工業意外險初次實施於歐洲主要的工業國家時,有許多人站在僱主和各種「專家」的位置宣稱,工人故意傷害他們自己的身體(以獲得保險金)。但是,經過一段時間的沉澱,這些報導顯然是極度誇張的說法。[29]

此外,有一些案例,「有目的性的社會行動」──套用墨頓的辭彙──同時產生正面和負面的非意圖效果,但是論者對正負兩面的權衡方式常啟人疑竇。在這些情況中,偏於感知負面的副作用,經常讓人草草判斷,送出悖謬論的判決

書。

在美國，關於福利國家政策帶來所謂的悖謬作用的討論，可以用來說明此一偏見。失業保險可以讓被解聘的工人，在找到新的工作之前，有一段等待的時間。在一些案例中，這種容許等待的能力，可能會誘生「懶惰」，因為它使人有一段時間無須密集地找新工作。但是，失業保險也讓一個工人不必勉強接受「任何條件過於嚴苛的工作」；[30] 而且，就某種程度而言，這種發展也是受人歡迎的結果。這種副作用甚至可能是立法者和決策者的原意，在此情況，他們的眼光就沒有通常所顯現的那麼狹隘。類似地，提供福利給需要養育未成年子女而無法上班的母親的福利計劃（被稱為 Aid to Families with DependentChildren, AFDC）備受攻擊，因為它不但援助已經破碎的家庭，而且在若干情況中，反而鼓勵家庭破碎。這裡，可以再問同樣的問題：這個特殊的副作用，即便真的存在，是否總是帶來悖謬的作用？正如一九八七年的一個研究所指出的，AFDC計劃使貧窮婦女免於結婚的陷阱，這種婚姻常使她們遭受殘酷虐待。[31] 就此而言，福利救助和備受誣蔑的對社會福利的「依賴」，可以反制另外一種由壓迫性的婚姻制度所導致的依賴和傷害。

最後，我們要討論在續發作用或副作用的情況下，必定會**減損**某種目的性行動的預期效果。這些情況，無疑是經常發生而且很重要；了解這些情況，才讓我們更加趨近悖謬作用的真實案例。但是在這裡，典型的結果是：某些正面的效

果，多過負面的副作用。舉幾個例子有助於了解。車速限制
和強制綁安全帶，會使得駕駛人放鬆警戒，或者更加肆無忌
憚地開車。這種「抵消行為」確實會引發一些意料之外的事
故，尤其禍延行人和自行車騎士。但是，情況似乎不太可能
會變成，採用管制之後，車禍的總數會不減反增。*熱帶地區
的灌溉計劃，旨在增加農業生產；但它卻有許多副作用，包
括使當地人口暴露於血吸蟲病的機會大增，以及因為水利灌
溉而淹沒可耕地的面積，更不用說因為爭奪水權和新近取得
的灌溉田地的分配，而導致更多的社會緊張。這種種潛在的
身體傷害、物質損失、和社會衝突，可能會使得灌溉的好處
打了折扣，但是並不會一筆勾消所有的好處、或者產生淨損
失。這種傷害性的副作用，可以透過預防性的決策，控制在
某個程度之內。最後一個例子是經濟學界已經有很多討論的
貨幣貶值問題。為了改善國際收支平衡而採行的貶值政策，
其成效端賴於貶值之後正面的一階效果，在多大程度上，會
被通貨膨脹以及其他可見的二階效果所抵消。但原則上，通

---

* 車速限制等管制對於車禍發生頻率的悖謬作用，是由裴茲曼所提出的
（Sam Peltzman, "The Effects of Automobile Safety Regulation," *Journal of
Political Economy* 83 [August 1975]: 677-726）。但是在他之後的研究，
對他的論題多所批評。布魯金斯研究所在一九八六年的一個研究報告，
雖然承認某種「抵消行為」乃是事實，但其結論說：「毋庸置疑今天的
公路行車比二十年前安全多了。這種改善大部份都發生在一九六六到
一九七四年之間的模範年度中，聯邦安全管制正是在這段期間被應用。
見 Robert W. Crandall et al., *Regulating the Automobile*（Washington D.C.:
Brookings Institution, 1986）。

貨膨脹和二階效果不太可能會完全吞沒一階效果。

　　事實上，上面提到的這種結果，通常有某種內在的可信度。之所以如此，至少部份原因是，政策制定乃重複而漸進的活動：在這些條件之下，過去的經驗不斷被歸納到當前的決策考量，因此有很大機會可以偵測到、並矯正走向悖謬作用的趨勢。

　　差不多在兩百五十年前，伏爾泰以他備受稱譽的小說《戇第德》，來嘲諷我們的世界是「所有可能的世界中最好的世界」的這種說法。從那個時代以來，我們完全受制於社會世界中悖謬作用的威力及其無所不在的論述。或許現在正是推出《反戇第德》的適當時機，以便反諷：我們的世界，亦非所有可能世界之中最悖謬的世界。

# 3 無效論
## The Futility Thesis

　　悖謬作用的說法有許多吸引力。悖謬論十分適合激情的好戰派，隨時準備反抗某個正在興起之中、或已經佔據支配地位的思想運動和行動慣例——而這些思想和慣例因為某些緣由，已經變得脆弱而易受攻擊。悖謬論也帶有某種涉世未深、似是而非的弔詭質地，而使得那些汲汲尋覓即刻洞察力與絕對確定性的人深信不疑。

　　無效論作為「反動派」火藥庫裡面的第二種主要論證，和悖謬論有著很大的差異。這種論證沒有火爆之氣、而是冷眼旁觀的世故老練。它和悖謬論卻有一個共通點，就是兩者論證的形式都簡單得令人難以置信。我在前一章曾界定過，悖謬論斷言：「試圖把社會推往某個方向，的確可以推得動，但卻是把它推往相反的方向。」本章要探討的論證則大異其趣。它指出：社會變革的企圖都是徒勞無功的；由於社會各種「深層」結構根本難以撼動，古往今來所謂的改革，總是表面的、皮毛的、裝飾的，因此不過是一場幻影。我把這種論證稱為無效論。

「事物變動得愈厲害，它就愈是跟原來一個樣。」（Plus ça change plus c'est la mêmechose.）在一八四八年革命之後，無效論由上述典型警句來表述，意義深遠。法國新聞記者卡賀於一八四九年元月宣稱：「在經過這麼激烈的動盪和變革之後，差不多是注意到一個基本真理的時候了。」接著他創造了前述的警句。[1] 這裡談及的「基本真理」，不是一個「運動定律」，而是一個「靜止定律」。把這個定律轉譯為避免變革的策略，就是藍培度沙在他的小說《花豹》中著名的自相矛盾的話：「假如我們要讓每一件事情都原封不動，那麼就要讓每件事都動起來。」[2] 保守派和反動派，都渴切採用這句西西里格言，作為各種研究的主旨或題辭（尤其在拉丁美洲），去確認改革失敗和改革無效。然而，如我們剛剛談到的，不是只有改革被指控為徒勞無功，革命的劇變也遭受類似的批評。二次世界大戰後，東歐國家建立了共產政權，出現一個最有名（亦是最好）的笑話，也可以描繪這種想法。有人問：「資本主義和社會主義的差別在哪裡？」答案是：「在資本主義體制裡，人剝削人；在社會主義體制裡，剝削的方向正好相反。」這是有力的論斷方式：儘管財產關係全面改變了，其他的東西根本毫無改變。最後，卡羅在《愛麗絲夢遊仙境》裡面的格言，以動態的情境，表達了無效論的另一個面向：「在這裡你可以盡情奔跑，只是為了原地不動。」

以上這些生動的陳述，在強調、或者甚至頌揚社會現狀的韌性的同時，其實是在嘲諷、或者否定變革的努力以及變

革的可能性。但是在這慧點的詞庫裡,則沒有用來嘲諷相反現象的語彙。例如可以用這麼樣的語氣說,食古不化的社會結構、社會制度、或者頑固的心態,竟然偶爾也有奄奄一息的時刻;還有,他們多麼讓人驚訝啊,有時候甚至是滑稽地,完全無能抗拒變遷的力量。這種論述風格的不對稱性告訴我們,保守主義常常和特定的世故機智相結合,用來對比進步的信仰者那種所謂的正經嚴肅與毫無幽默感。警句帶有的保守主義偏見,與其反方向的語言偏見(即「反動」與「反動派」等帶有貶抑的語彙)正好互相彌補。

要在一個論證中同時主張悖謬論和無效論,當然是很困難的:也就是,一方面用悖謬論說,推動某個社會變遷的運動,會產生完全相反的效果;另一方面再用無效論主張,推動社會變遷的努力,是一點作用也沒有。正因如此,這兩種論證通常都由不同的批評者提出,雖然也有例外。

無效論的說辭,表面上比悖謬論來得溫和;但對那些「促成變遷的行動者」而言,事實卻是,無效論的說辭**更加侮辱**。社會世界的運行,哪怕只能稍稍回應人類追求變遷的行動,即便是回應了錯誤的方向,那麼人們心中總還存有一線希望,能夠把變遷調整到正確的軌道。可是,無效論發現、或證明這種行動一點都「使不上力」,這不但羞辱了社會改革的提倡者,使得他們心灰意冷,也讓他們懷疑努力的意義和真正的動機何在。*

#### ▶ 質疑法國大革命所帶來的變革程度：托克維爾

　　悖謬論和無效論的出現，相對於它們所分別描繪的社會變遷或社會運動而言，有不一樣的時間差。悖謬作用的論證，在社會變遷發生不久，就可以被編造出來。然而，無效論的情況不一樣。因為巨大的社會變遷，將伴隨著實質而拖延甚久的社會與政治動盪，通常要等歷史塵埃落定之後，才會有人出面給予詮釋。這意味，身處事件當中的人們，把那些事件詮釋為根本的變遷，會失了準頭。

　　法國大革命特別能生動描繪這樣的觀點。當時的人，包括法國和其他國家，都感受到大革命的巨大動盪。柏克早在《法國大革命反思》一書就如此說：「當我們把所有的情況都考慮進來，那麼法國大革命是世界上迄今發生的，最令人震驚之事。」[3]因此我們一點也不訝異，要等到革命世代過去之後，才有人質疑大革命在塑造現代法國的各個層面到底有多大關鍵。這種質疑終於在一八五六年到來，托克維爾發表的《舊體制與大革命》一書中提及，大革命與舊體制決裂的程度，遠比通常認為的小得多。托克維爾根據他當時備受讚賞的檔案研究佐證指出，許多制度被吹捧為大革命的「戰果」，從行政權的集中到廣泛推行的小自耕農制度，事實上在革命爆發之前這些制度已經存在。他還試圖證明，著名的「人權

---

\* 本章稍後將詳細比較悖謬論和無效論這兩種論證。

與公民權」,在一七八九年八月被隆重「宣告」之前,舊政權早就施行了其中一部份。

　　這個揭開革命真相的論題,出自《舊體制與大革命》的第二部份,一出版就被認為是該書最原創性的貢獻,而不是處處呈顯洞見的第三部份。因為在那個時代,大革命事件的當代人、或緊接其後的世代,很難不問這幾個不成熟的問題:大革命是否可能避免?大革命是件好事,還是壞事?這些鮮活的問題在當時仍然聚訟不休,何況又發生一個新的狀況,就是,法國在經歷另一場血腥的革命之後,再度屈服於另一個拿破崙的統治。*托克維爾發現了舊政體和革命後的法國之間,有許多連續性。在當時的環境中,很清楚地,這些發現有重大的政治意涵。當時有兩篇重要的書評:一篇是卓越的自由派作家和政治家荷慕薩所寫;另一篇則由安培賀撰述,他是歷史學家、法蘭西學院的院士、也是托克維爾的摯友。荷慕薩說得巧妙:

　　托克維爾愈來愈著迷於……日常的現實與公民的自由,而非特殊的事件與政治的自由,他不動聲色而且以一副事不關己的模樣,做著平反舊政權的工作。4

---

* 譯註:一八四八年巴黎爆發革命,奧爾良王朝結束,法國建立第二共和,拿破崙一世之姪路易‧拿破崙當選總統。一八五二年路易‧拿破崙稱帝,建立法蘭西第二帝國。

安培賀則把話講得更明白：

> 讀完托克維爾的書，讓人驚愕不已。幾乎所有我們認
> 為是法國大革命的結果，或是所謂的「戰果」，早已存
> 在於一七八九年之前的舊體制：行政權的集中、行政督
> 導、行政慣例、公務員保障制度⋯⋯土地均分等等⋯⋯
> 讀到這些，我們不禁納悶到底大革命改變了什麼？革命
> 又怎麼會發生？[5]

上面這段引言已經很清楚，托克維爾可以算是無效論的
原創者，更不用提他在別的方面許多更大的榮耀。在此，無
效論帶有某種特別的「進步」形貌。托克維爾並沒有否認許
多根本的社會變遷，的確在十八世紀末完成了。只是，他論
稱，那些根本的變遷，其中大部份都肇始於革命之前。讓我
重複一遍，當考慮到大革命所經歷的陣痛，這種立場對於親
革命派的羞辱，比起柏克、梅斯特、或波納爾一班人的正面
攻擊，更加不堪忍受。這些作者至少還把功勞給了大革命，
因為它確實造成大規模的變遷與成就，即便其後果是邪惡和
災難。在托克維爾的分析下，大革命那翻天覆地的鬥爭與動
盪，回頭看來令人異常洩氣，甚至迷惘困惑，並帶有幾分荒
唐。這不禁讓人惶惑，所有的忙亂究竟有何意義。

福黑留意到，歷史學的傳統緊緊抓住法國大革命之全面
決裂的意象（這意象也是大革命自身的意象），他因此尖銳

地提問：「歷史學家和革命在這個鏡像的遊戲中，都各自把對方的話當真……而托克維爾則提出最根本的懷疑：在這個關於決裂的論述中，萬一這一切只是變遷的**幻影**？」[6]

托克維爾針對他自己編織的這個謎題，提出一些天才的解答。他在《舊體制》的第三部份，說明一個有名的論點：在變遷和改革進行之際，革命最可能爆發。對於現代讀者而言，這是最有趣的部份。但在當時，這些論證或許過於微妙，而沒有被認為可以圓滿解釋大革命的弔詭。

前面提到的觀點，或許可以幫忙解開另一個較小的謎題。既然托克維爾的書在出版當時大受歡迎，為什麼他對法國大革命史學的貢獻在法國卻備受冷落？事實上，一直到最近，才有一位重要的法國歷史學家深入研究他的作品，這個人就是福黑。冷落托克維爾的奇特原因，不會是因為法國的政治氛圍主要是同情大革命和左派，而長期將托克維爾看成保守派或反動份子。泰恩遠比托克維爾還反大革命，可是他的《當代法國的起源》卻被歐拉赫等歷史學家認真對待。或許真正的原因在於托克維爾提倡無效論。後代的歷史學家無法原諒他質疑法國大革命的**關鍵**角色。畢竟他們積畢生精力於大革命這個研究課題啊。

我必須再說明一點，由於托克維爾對無效論的貢獻相當複雜，這使得他的論點大致上可以免除那些在本章中所提出的對於無效論的批判。一個比較簡單的陳述公式也可以在《舊體制與大革命》書中發現。在該書即將結尾之處，托

克維爾談到，自從一七八九年以來，法國人有好幾次企圖恢復自由的制度（他應當是指一八三○年和一八四八年的兩次革命）；他並且精采地解釋為什麼這些嘗試終歸失敗：「自從大革命以來，每一次我們想要摧毀絕對的權力，我們不過是把自由女神的頭顱植栽到奴隸的軀體上。」[7]用一個很不一樣的、當代的隱喻，這等於是說：大革命所導致的變遷「不過是塗脂抹粉」，而事物的本質絲毫未變。托克維爾並沒有深入探討這種直截了當的無效論。這是下文的主要工作。

## ▶ 質疑普遍選舉權所能帶來的變革程度：莫斯卡和巴列圖

由於法國大革命乃是重大的歷史事件，必須等到一切塵埃落定之後，托克維爾這種洩氣或者揭發真相的工作才可能展開。但是當無效論第二次於十九世紀後半葉出現時，情況則大為不同。這一次無效論是為了回應選舉權的擴張，以及隨之浮現的大眾政治參與。假如從英國一八三二年的改革法案算起，這一波的選舉權擴張，在歐洲各國持續達一世紀之久，其過程是漸進、不平均、而且相當不顯眼。邁向普遍選舉權的道路顯然阻擋不了，當時的觀察者很快就發現普選權的全面實施終將不可避免。在此情況之下，普選權還未完全展開就已經備受批評；而一大批貶損者也蜂擁而至。有一些人，特別像是雷朋這樣的群眾分析家，就預測災難即將來

臨。其他「比較冷靜」而帶有酸氣的人,則採用無效論的論述。他們揭露、嘲諷那些無可救藥的進步份子,歡欣鼓舞於普選權可以帶來深刻而良性社會變革的幻想;相反地,普選權所能改變的事情微乎其微。

如同托克維爾提出的關於法國大革命的論題,這種無效論的立場似乎難以成立。在當時階級區分依然十分嚴明的社會實施普選權,怎麼會不導致相當程度的衝擊?這唯有訴諸一種論述方能成立:改革者忽略了某種「定律」或「科學事實」的存在,這種科學定律使得基本的社會制度結構不受政治改革擘劃的影響。莫斯卡和巴列圖就分別以不同的語言,提出這個有名的說法:任何社會,不論其「表面」政治組織如何安排,總是區分成統治者和被統治者(莫斯卡的說法),或者區分成菁英和非菁英(巴列圖的說法)。這個命題其實是量身定做,以便證明藉由選舉權的實施來達成真正的「政治公民權」,乃是徒勞無功的。

在十九世紀即將進入尾聲之際,莫斯卡和巴列圖各自從不同的前提,得到相同的結論。或許是莫斯卡年輕時在西西里周遭所接觸的「感官資料」,使他很輕易感受到,僅僅是投票權的擴張,根本無法撼動西西里島那些有權有勢的地主以及其他的掌權者。或許正因為把一個外來的改革方案植入一個充滿敵意環境所造成的的荒謬感,使他得到這個基本觀點,而在二十六歲時寫下《代議政府論》。這本書在他往後漫長的人生中幾度增刪修改。他的論點立基於再簡單不過的

觀察：所有組織化的社會，乃包括一大群沒有政治權力的多
數人，以及少數的掌權者──他稱之為「政治階級」。這個
詞彙在義大利仍以莫斯卡的原初定義沿用至今。這個洞見，
被莫斯卡著作的英文版編輯在《統治階級論》一書的導言中，
稱為「解開人類歷史秘辛的萬用鑰匙」。[8]莫斯卡接著將之轉
換成一些教義式而充滿爭議的用法。

　　首先，莫斯卡很雀躍地宣稱，從亞里斯多德到馬基維利
和孟德斯鳩等主要政治哲學家，當他們在不同的政府形態之
間做那些老式的分類時，例如王權體制與共和體制，或者貴
族體制與民主體制，他們只是注意到政治體制的表面特徵。
所有的這些政治形態，都可以歸類為更根本的統治者和被統
治者的二分法。最終為了建構真正的政治科學，我們必須了
解「政治階級」是如何自我甄拔、維持權力、並且透過意識
形態來自我合理化。莫斯卡把這些意識形態操作稱為「政治
公式」，例如訴諸「神的旨意」、「人民授權」，以及類似的簡
單明瞭的運作模式。

　　莫斯卡在批駁了那些傑出的前輩之後，便著手拆解他同
時代人各種關於社會改良的提議。他的新概念工具威力之驚
人，可從他對社會主義的討論中看到。莫斯卡的論點從表面
上稀鬆平常的這句話開始：「共產主義和集體主義的社會，
毫無疑問將由官僚來管理。」他尖酸刻薄地評論，社會主義
者都把以下這個能正確評價人為設計之社會制度的關鍵「細
節」拋諸腦後：這些官僚權勢者的統治，在剝奪經濟和專業

活動的獨立自主權的同時，必然會導致一個壓制在其他所有人頭上的「單一的、排山倒海的、無所不包的、全神貫注於暴政」的國家。[9]

莫斯卡主要關心的是他自己國家的政治前景。義大利的知識和專業階級經過民族統一運動（Risorgimento）的短暫熱情之後，對於新近統一的國家（尤其在南部）所出現的恩庇政治極度失望。因為有嶄新的政治概念的武裝，又特別關心義大利的南部，莫斯卡著手想一勞永逸地證明，義大利賦與自身（當時仍然十分不完備）的民主制度，不過是個騙人的幌子。他是這樣解釋的：

> 代議士由選民的多數決產生的這個法律上的設定，構成了我們的政府組織形態的基礎。許多人盲目地相信這是真的。但事實上全不是這回事。而這樣的事實竟然無人知曉。任何人只要參加過選舉就非常清楚一件事：**代議士不是選民選的，而是他總有辦法讓選民選上他**。假如這種話聽起來不舒服，可以換個方式說：是他的朋友讓他選上。無論情況如何，候選資格總是一群人為了共同目標結合起來而取得的；這一群有組織的少數人，註定要將其意志貫徹在無組織的多數人身上。[10]

沒有其他說法，能夠比這個無效論命題講得更清楚了。選舉權不能改變社會中存在的權力結構。莫斯卡最喜歡講的

57

一句話就是：「明眼人」必須認清楚，「任何承諾給予大眾代表權之政治體制的法律或理性基礎，都是**謊言**。」[11]

莫斯卡反對正在興起的民主制度的理由，和他同時代的雷朋非常不一樣。莫斯卡認為這些制度毫無作用，不過是虛矯與偽善的操弄。他對這些制度及其鼓吹者，抱持嘲諷和蔑視的態度。雷朋則相反，他視選舉權和民主制度的興起為惡兆而且是危險的，因為它們將提升群眾的權力，而沒有理性能力的群眾很容易落入煽動家的圈套。莫斯卡嘲諷選舉權，是因為它無法改變什麼，因為它無法實踐給予人民更大影響力的承諾。而雷朋批判選舉權，則是因為假如給予人民更大影響力的承諾真的實踐了，則會為國家帶來種種災難。

然而，這兩個論證也不是可以完全清楚區分。莫斯卡論證了選舉權無法產生其天真的鼓吹者所期待達成的正面社會變革之後，繼續引申幾個理由來說明為什麼選舉權可能會讓事情變得更糟。換言之，他從無效論悄悄轉到了悖謬論。伴隨著「政治階級」操縱選舉而來的瀆職不法，會降低公職候選人的品質，因此會阻礙具有高尚心靈的公民參與公共事務的興趣。[12]另外，莫斯卡在第一次世界大戰之前寫的報紙文章，也反對廢除識字測驗作為選舉權的條件。他所用的理由是策略性的：不識字的群眾主要集中在義大利南部沒有土地的農工，因此給他們選票只會更加強化大地主階級的勢力。[13]這樣看起來，莫斯卡好像是毅然決然地厭惡選舉、投票、選舉權到底，而採取任何可用的論證來發洩他的情緒，或者

去確認自己的立場。

巴列圖以菁英支配論作為歷史的常態，其分析的方式以及和別人論爭的方式，都和莫斯卡的理論很相近。在《政治經濟學教案》書中，他的菁英論已經陳述得很清楚。多年以後發表的《社會學總論》主要增加菁英循環論。巴列圖在《政治經濟學教案》中使用的語言，乍聽令人好奇——或許是他故意的——煞似《共產黨宣言》：「少數個人為了奪取他人所生產的財富而展開的鬥爭，乃是支配著整體人類歷史的重大事實。」[14] 但是在同一段文章中，巴列圖刻意使用「掠奪」（spoliation），而不使用「剝削」（exploitation）或是「剩餘」（surplus），來和馬克思主義保持距離。而且他清楚定義，掠奪乃是由於支配階級控制了他稱之為掠奪機器的國家機構。因此，他可以立即導出一個類似莫斯卡的重要結果：「統治階級究竟是寡頭統治、金權統治、或者是民主政治，都無關宏旨。」[15]

巴列圖在這裡真正的論點是，民主政治可以像其他政體一樣「掠奪」人民大眾。他舉紐約市為例，可能從俄羅斯的政治學者歐思錯果斯基在一八八○年代晚期以法文發表的關於美國政治體制的文章而來。[16] 巴列圖提到，統治階級或「掠奪」階級所採取的菁英甄拔方法，與掠奪本身的事實和程度，毫無關連。他其實在暗示，當菁英甄拔是採取民主的選舉，而不是世襲或遴選遞補的方式，則大眾被掠奪的機會可能會更大。[17]

　　根據巴列圖的說法，普選權和民主選舉的出現，不可能
帶來真正的社會或政治變革。有一點可能常被忽略：他的這
個立場和他的所得分配理論非常吻合。他在一八九六年出版
所得分配的論文的觀點，同時也寫在《政治經濟學教案》中，
立即使他在經濟學界聲譽鵲起。[18] 巴列圖於一八九三年獲得
瑞士洛桑大學的教席之後，就已經收集了許多國家不同階段
的個人所得次數分配資料，並且著手證明，所有的所得分配
都相當嚴謹地依循一個簡單的數學式。這個數學式呈現在一
已知的所得水平，高於該所得的人數與該所得的關連。巴列
圖更進一步發現，在他所收集的所得分配資料中，這個數學
式中的主要參數（Pareto's alpha）的數值都相當接近。這些結
果使得巴列圖及其同時代的學者認為，他已經發現了一條自
然律。巴列圖確實寫道：「一條自然律呈現在我們的眼前。」
[19] 他的發現此後被稱為巴列圖定律。當時權威的經濟學百科
全書——《培爾葛瑞夫政治經濟學詞典》[20]——就有一條巴
列圖定律，是由有名的劍橋經濟學家艾基沃斯執筆。他曾參
與巴列圖所發現的科學資料的討論。

　　巴列圖的做法很快就有人模仿。深受莫斯卡和巴列圖影
響的社會學家米歇爾，在他一九一一年重要的著作《政黨論》
中[21]，宣稱發現了一條寡頭統治鐵律。根據這條規律，政黨、
工會、以及其他的群眾組織，都毫無例外地由圖利自己而維
繫自我存續的寡頭所統治，他們抗拒任何民主的控制方式和
民主參與。

　　一旦巴列圖把他關於所得分配的統計發現提升到自然律的地位，重要的政治意涵便隨之而來。現在人們儘可宣稱，就像企圖干預供需法則的情況一樣，試圖改變所得分配這樣一個根本而恆久不變的經濟結構，無論是透過徵收、租稅、或者社會福利立法，（頂多）只是徒勞無功。改善貧困階級的唯一途徑，就是增加社會總體財富。[22]

　　這條新規律在論爭上的主要用處，或許是用來駁斥社會主義者。當時在許多國家，社會主義者正藉著選舉而攀登政治的高階。巴列圖作品集的編輯也這樣評論：

　　　巴列圖對社會主義的恨意，使得他鬥志高昂：以手裡掌握的文件資料，去證明所得分配乃由（社會經濟運作的）基本力量所決定，是多棒的挑戰！假如這個挑戰成功了，則社會主義所鼓吹的解決方案必然只是空中閣樓。[23]

　　在同一時代，巴列圖關於所得分配的發現，也使人們相當懷疑基於普選權而來的改良主義的民主政治，是否可能達到若干（遠比社會主義）謹慎實在的目標，例如縮短所得分配的差距。在這個問題上，巴列圖的所得分配定律得出同樣的結論，因為他把國家看成是一部永恆的「掠奪機器」：無論在政治或經濟領域，民主的熱望只要違逆事物的內在秩序，就必然歸於枉然。這裡，論爭的重點主要是，人們想要

改變大自然永恆不變力量的天真無知。但是再一次，就像是
莫斯卡的分析，巴列圖的論證還是要添加一點悖謬效果來潤
色。抗拒事物秩序非但毫無效果，而且，正如巴列圖在一篇
寫給一般讀者的文章中說：「國家社會主義想要以人為的力
量改變所得分配，結果就是馬上破壞了社會的財富。因此，
剛好與所追求的目標相反，人為的政策使得窮人的情況更加
惡化，而非改善。」[24]

　　顯然地，無論他們的論證如何乾淨俐落，無效論的作者
們對於自己的論點並非十分怡然自得。一有機會，他們還是
要訴諸悖謬論，來強化、潤飾、包裝其論述。甚至藍培度沙
這位社會靜止論的策略大師，在小說《花豹》的收尾之處也
預測，（社會）不動久了就會退化。「往後的日子不但會不一
樣，還會更難過。我們曾經是花豹、曾經是獅子，卻將被狐
群狗黨所取代。」[25]

　　義大利社會科學對於無效論的貢獻特別卓著。莫斯卡、
巴列圖、米歇爾這三位學者一齊被稱為「菁英理論家」，他
們各自從不同的方向有系統地發展這個論述。* 前文已經提
過，西西里根深柢固的社會政治落後狀態，使得莫斯卡確信

---

\* 米歇爾在他的《政黨論》中很贊同地引用義大利的諺語：Si cambia il
maestro di cappella / Ma la musica è sempre quella（詩班指揮雖新來，舊
曲吟唱猶不改）。這和前面提到的法國人的說法，Plus ça change plus c'est
la même chose（事物變動得愈厲害，它就愈是跟原來一個樣），意思完
全一樣，只是多加個韻腳。

即使實施普選權，也改變不了現存的權力支配形態。對於改革可能性的懷疑，是莫斯卡作品的核心；與之相呼應的信念是，現存的權力結構有無窮的能量，可以吸納、網羅變革的動力。

但是義大利並不能宣稱擁有無效論的壟斷權。無獨有偶，這種說辭也見諸十九世紀的英格蘭——當時是歐洲經濟現代化和漸進民主化的前哨站：

> 儘管你如何立法，制定普選權……為永世不墜的法律。你還是距離平等那麼遙遠。政治權力只改變其外貌，而非本質。……最強勢的人總是以這種或那種形態來統治。……在純粹的民主政治體制中，統治者將是幕後操縱者和他們的朋友。……工會的頭頭就像一般團體組織的上層掌權者，正如同家庭的主人是僕役的管理者、工廠的頭頭是工人們的上司一樣。

這段話把莫斯卡和米歇爾分別提出的非常類似的說法，簡潔地整合在一起，是由詹姆士・史第芬提出的，而時間上比他們兩人都早。上述文字引自史第芬一八七三年初版的《自由、平等、博愛》，這本書對米爾的《自由論》展開全面的批判。[26]英國於一八六七年實施的改革法案大舉擴張選舉權，儘管引發對著名的「在黑暗中躍進」（參見本書第四章）的諸多憂慮，但直到史第芬著書之際，英國的基本政治局

勢仍無根本變動。史第芬的議論或許正是受此經驗所激發。前面引用的那段話，儘管和義大利的理論家們的想法如此相近，卻和史第芬用來反對普選權的主要理由不相契合。他採取比較傳統的反對立場：「普選權顛倒了我認為智慧和愚蠢之間的真實和自然關係。我相信，有智慧的好人理應統治那些品質低劣的蠢蛋。」[27] 類似的言論，充斥於反對一八六七年的改革法案和普選權的聲浪之中。這正表示民主政治的施行，可能積極地有害，而非（如無效論所認為的）對既存的事物沒有任何變動。

## ▶ 質疑福利國家可以給窮人帶來多少好處

保守派對於福利國家的批評，主要是根據傳統的經濟學推理，認為市場運行的結果有自趨均衡的性質，而干預這些市場運行會導致有害的後果。這種批判指出，給予失業者、劣勢者、和一般窮人的（財政）移轉給付，會導致各種不幸的反效果。不管用心多麼良善，這種給付被認為會鼓勵「懶惰和道德腐化」，助長依賴心態，摧毀掉其他更具建設性的（社會）援助制度，而讓窮人永遠陷在窮困的泥淖之中。這便是所謂的對市場干預會產生的悖謬作用。

然而，假如這種悖反效果真的發生作用，則必須**承認**福利國家至少做成了一件事情：產出移轉給付，並且讓這些移轉給付真正**到達**窮人的手裡。只有這樣，那些所謂不愉快的

後果（懶惰、依賴等等）才可能真正發生。

於是，在這個關鍵點上，出現了另一種可能的批判。萬一那些移轉給付，也許是大部份而非全部，從來沒有到達所欲救濟的目標，而是被其他比較有辦法的社會團體截取走了？

這種論證與莫斯卡以及巴列圖駁斥民主選舉為毫無意義的騙局（對比於雷朋所論，釋放群眾力量乃極端危險之舉）如出一轍。如同我前文所刻畫的無效論的特徵，這種說法實在是「侮辱人」。當某個福利計劃被揭發，說成是圖利中產階級而非濟助窮人，那麼這些福利計劃的提倡者，就不只是對於可見的反效果天真無知而已。他們還會被懷疑一開始就盤算著藉福利計劃假公濟私；或者稍有良心者，就是在執行計劃的過程，**學會**怎麼中飽私囊。

顯而易見，這種論證只要稍有公信力，它就很有破壞力。代表福利國家的這一方，就會被認為是詐欺者。而福利國家的批評者，不但不會被看作缺乏同情心，還搖身一變成為窮人的真正捍衛者，揭發那些貪得無厭的特殊利益寄生蟲。

無效論的說法無論對於福利國家的反對者有多大的吸引力，近年來真的被派上用場的機會倒是很有限。主要有兩個原因。首先，這種無效論的論證很顯然與悖謬論的論證格格不入。若要同時宣稱福利給付，一方面讓窮人產生那些被大肆宣傳的反作用，另一方面**還說**這些福利給付從沒讓窮人拿到手，這可需要詭辯的天份。第二個原因則特別跟美國的政

策辯論有關。美國福利改革的主要辯論是在那些受益人需要通過財務狀況資格調查的計劃，主要是AFDC（未成年子女家庭援助計劃）；在沒有大規模的管理不善或貪污的情況之下，這些計劃的經費被非窮人「截取」的可能性是很低的。因此，對於福利國家的經濟和政治面的批判，就必須另外找理由。

話雖如此，無效論或「截取論」卻在這個辯論中扮演重要的配角。尤以詹森總統在實施大社會計劃之時最為明顯。當時反對者指控說，許多新的社會福利計劃根本就在提供工作機會給一大群行政人員、社工人員、和各式各樣的專業人士。這些人被刻畫成對權力饑渴的官僚，只在乎擴張自己的行政地盤和額外收入。需要通過財務能力資格調查的福利計劃，本來應該可以免於截取論的批評，但事實上反而很容易受到攻擊，因為這類計劃的行政工作，比起那些沒有設定財務能力條件的保險型計劃，的確需要較多的人力。保險型計劃的資格設定相當簡易，例如年齡、失業、意外事件、疾病、或死亡等等。

無效論用上面所說的截取論來包裝，有時就成為對福利國家的籠統批判。早期有個例子，在芝加哥大學的諾貝爾經濟學獎得主史蒂格勒於一九七〇年所寫的一篇很有影響力的短文裡。文章的題目有點費解，叫做〈德瑞克特公共所得分配定律〉。[28] 文中的「德瑞克特」原來是史蒂格勒在芝加哥經濟系的同事，也是傅利曼的姻親。史蒂格勒把提出這個「定律」的榮耀歸予德瑞克特——或許史蒂格勒是從他們的對話

中得到這個定律的，因為他並沒有引用任何文獻，而這個觀念也未曾出現在德瑞克特的著作。根據史蒂格勒的說法，德瑞克特認為，「公共支出主要是嘉惠中產階級，而其財源則很大部份來自於窮人和富人。」然而，史蒂格勒的文章一開頭，並沒有提到富人的角色，而是主要在議論，教育、住房、和社會安全等方面的公共開銷，如果和提供這些開銷的稅收一併考慮，則可以說是國家將所得從窮人轉移到中產階級。這種事情怎麼可能發生在一個民主國家呢？史蒂格勒的解釋很簡單：中產階級先是操作投票制度，利用識字測驗和選民登記制度等方法來降低窮人的投票率；一旦控制了政治權力，中產階級就把財政體制塑造成符合其集體利益。史蒂格勒引用了一些經驗資料：在加州和其他地區，州政府用一般收入來補貼高等教育，但是這些補貼給大學的好處，主要是流向中上階級的子女；類似的，警察機關也主要是在保護有產階級；其他不勝枚舉。

　　這樣的陳述當然跟馬克思主義的傳統很雷同，或至少是馬克思主義比較初級或「粗俗」的版本。它把國家看成「資產階級的執行委員會」，而且指控說，國家可以服務總體或公共利益，純然是偽善的宣稱。如此「顛覆性的」推理方式，竟然是由支持「自由企業」制度的中流砥柱*所提出，著實令人吃驚。但是，因為共同痛恨的敵人而造成同床異夢的關

* 譯註：指史蒂格勒。

係，這也不是歷史上的頭一遭。左右兩派都一樣討厭的是，企圖利用公共開銷和福利計劃，來改良資本主義制度的不義或不幸。極左派這邊的批判是，假如福利計劃搞成了，就會減損革命的熱情。而右派那邊，或者在比較正統的經濟學家的陣營，社會福利備受嘲諷批評的原因是：任何的國家干預，特別是除了法律、秩序、或許還包括國防，其他額外的公共支出，都被看成是對自趨均衡的經濟體系的有害或者無效干預。

自從史蒂格勒的「德瑞克特定律」提出之後，它就經常被召喚來攻擊福利國家，不管引用者是否註明出處。一九七九年，傅利曼夫婦出版了《選擇的自由》*，書中充滿反福利國家的論證，其中有一章叫做〈從搖籃到墳墓〉如此寫道：

> 許多福利計劃常會嘉惠中上所得的團體，而不是目標中的窮人。窮人不但往往欠缺市場中有用的技術，而且也沒有爭奪經費大餅所需要的政治技巧。他們在政治市場中的劣勢，確實可能比在經濟市場中的劣勢還嚴重。一旦用心良善的改革者為窮人爭取到某個福利措施之後，這些人就接著到其他領域從事改革。因此，窮人們就只得靠自己的力量，而這幾乎註定使他們處於孤立無助的狀況。[29]

* 編按：繁體中譯本於二〇〇八年由經濟新潮社出版。

　　同樣的論證在幾年之後則耗費了塔勒克整本書的篇幅。書名叫作《有錢人的福利》,[30] 不勞費神,書名已經盡述其意,或許因而沒產生多少影響力,另外,也可能是整本書引用的資料,比史蒂格勒只有十頁的論文還要少。同樣的情況也出現於塔勒克擴大處理同一論證的專書《所得重分配經濟學》。[31] 用來支持該論證的經驗資料很薄弱,只是強調英國在實施全國醫療服務之後,窮人的死亡率**不降反升**。[32] 這裡,我們再一次看到,無效論需要添加一點悖謬論,才有更大的修辭效果。

　　塔勒克的書只引用一項孤立的統計數字,當然沒辦法證明什麼。但是,在一九七四年,菲爾斯坦(後來被雷根總統任命為首席經濟顧問)做的關於美國福利計劃的嚴謹研究,其中主要一個的確引起相當程度關注。他說,福利國家實施的移轉給付,有很大一部份落入中收入、甚至高收入團體的荷包,而這根本不是政府的原意。這種情況可能發生在失業津貼上。他在文章開頭,說明他的研究目的是為了破除一個「有害的迷思」──就是,「實際獲得失業津貼的是窮人,或者是那些如果沒有領到津貼就會變成窮人的人。」[33] 這篇文章提出「非常驚人」的統計數字:「那些獲得失業津貼家庭的數目、以及他們所得到津貼的價值,幾乎以相同的比例分配於全國人口的各個所得層。有一半的失業津貼流入所得分配上半層的家庭。」[34] 菲爾斯坦進一步說,假如我們比較最高和最低兩個所得層,則情況會更糟,因為失業津貼的分配

完全是所得愈高者津貼愈多！（比較完整的統計估計，發表在該書稍後的註解裡，修正了這個特殊的「異例」，因此整體而言就比較沒有那麼「驚人」。）[35]

菲爾斯坦為了說明他這詭異而困擾人的統計發現，提出一種解釋：窮人「比較可能從事沒有失業津貼的工作，他們可能工作時間太少而沒有資格領失業津貼，或者是自動離職而不是被資遣等等。……相對而言，中高所得者比較可能做有失業津貼的工作，賺得夠多而有資格領最久的失業金。」[36]總之，中高所得者當然是比較有辦法從這個制度中汲取福利給付。

還有一點，在菲爾斯坦寫作上述論文時，美國在所得稅累進稅制下，實施失業津貼免稅。這樣的規定更有利於接受失業津貼的高所得者。對這些高所得者而言，這完全是天外飛來的橫財：免稅的規定是從一九三八年開始實施的，當時所得稅率很低而且美國人口只有四％在繳所得稅。免稅的規定只是因為（制度的）惰性而一直存在著。然後在一九七〇年代的末期，這個規定逐漸被減縮，或許部份原因是受到菲爾斯坦論文的衝擊。最後，在一九八六年，新的租稅改革法案把所有的失業津貼都納入課稅的範圍，因此終結了這個福利計劃實際執行中極其明顯的不公平現象。

這段插曲當然顯示了──借用英國左派學者對同一問題做分析與批評時很貼切的說法──「福利國家的運作，有相當程度將非窮人納入救濟的範圍。」[37]但是，這個失業保險

金課稅故事實際演出的內容，卻和德瑞克特－史蒂格勒的腳本差很多。情況究竟如何？另外一種比較善意的詮釋，可以從發展中國家的一項重要的福利計劃中觀察到。

第三世界的鄉村人口近年來大量流入城市，尤其是在拉丁美洲國家。有鑑於此，從一九五〇年代以來，許多國家都開始進行低成本的公共住宅計劃或是住宅補貼。但是這些新建的公共住宅，差不多在每個國家，一開始其價格就不是那些貧窮家庭所能承擔。結果是這些住宅主要由中產階級或下層中產階級取得。一些因素造成這樣的結局：政治人物們想要交出興建體面住宅的政績；住宅計劃的規劃者和建築師，不知道窮人能住得起哪種房屋；沒有低成本的建築材料和工法可用；還有，尤其是在熱帶地區，窮人有他們自力造屋的辦法，在「免費」（佔用）的土地上，使用自己的勞力、利用各式各樣便宜的、別人丟棄的、或「撿來」的物料來蓋房子。

有了這樣的經驗，之後的貧民住宅計劃就比較能夠幫助到真正的窮人。例如，市政當局或國宅處可以贊助所謂的建地服務計劃：公家只提供物料與財務等援助，讓經過適當切割的小面積土地的佔用者，可以接通水電等基本設施，至於造屋的工作則由住戶自行負擔。最後，政府的住房援助看起來最可著力之處，是把力量集中在已經建造起來的（貧民）社區，提供公共運輸和和基本設施，儘管這些社區在中產階級的眼中是如何「不夠水準」和破落。

這裡做幾點總結。在失業津貼的個案中，非窮人之所以

被納入社會救濟，是因為沒有將失業津貼所得納入累進所得
課稅機制，這是失業救濟實施之後偶然造成的。在低成本住
宅的案例中，首先我們必須聲明，在拉丁美洲的城市，窮人
顯然沒能得到那些公共住房，但卻造福了財務吃緊的下層中
產階級，這也算達成了一項真正的社會福利目標。

第二，因為興建低成本住房而被發現缺點，對官員和國
宅單位而來，也是上了珍貴的一課。這能幫他們看到都市貧
窮的真正問題何在。最後，那些主要從先進國家移植而來的
「住宅問題解決方案」的傳統印象可以被修改，政府干預的
方式也可以重新設計，因此比較有機會幫助到那些難以掌握
的「赤貧人口」。

從幾個方面看來，將不是那麼窮困的人也納入濟貧計
劃的這件事，比截取論所說的救濟金純然只是讓寬裕的家庭
錦上添花的故事更複雜一些，**而且**也沒那麼犬儒。特別是，
如果政府官員、社會科學家、以及其他的觀察家針對社會福
利實施的結果和「異例」（菲爾斯坦的用語）進行批判性的分
析，就能對仍在進行中的決策過程產生矯正的作用。

## ▶ 對無效論的反省

### ● 無效論與悖謬論的比較
在我們區分的三個歷史階段，無效論在每個階段都被包
裝成相當不一樣的推理形式。這一點全然與悖謬論不同。我

在前一章已經討論了悖謬論那種不管任何歷史情境，都是單調而幾乎直接反應式的義正辭嚴。然而，無效論每次都是以一副**拒絕承認變革、或矮化變革**的態度，來對應巨大的劃時代運動，像是法國大革命、十九世紀後半葉普選權和民主制度的發展趨勢、以及接著福利國家的興起和擴張。這種論證的魅力在於其怡然自得而高超的反駁技巧——能夠將常識所理解的那些充滿動盪、變遷和真實改革的歷史事件，講得風平浪靜。

莫斯卡和巴列圖批評民主政治，以及史蒂格勒和他的追隨者批評福利國家政策，兩者雖然分處不同的時代，說法倒是相當類似。*兩者都指出，企圖改革政治或經濟結構終將徒勞無功，因為改革者根本罔顧社會科學業已確立的「定律」。在巴列圖眼中，試圖透過確立普選權將社會權力結構民主化，乃是可笑之舉。他在調查之後發現，無論任何地方的所得和財富分配都是非常不均等的。這個發現後來被稱為巴列圖定律。對巴列圖而言，既然古老的社會層級組織已經被資產階級的歷史發展所解除，而所得又是依循這不均等的定律而分配，那麼很明顯，現代社會事實上是一種**金權政治體制**——這個術語和「掠奪」一樣，都是巴列圖的最愛。虛有其表的民主政治不過是金權政治的面具。米歇爾的寡頭統治鐵律，就是遵照莫斯卡和巴列圖的理念模塑而成的；而史蒂格

* 本章的下文集中處理無效論的這兩個版本。兩者都同樣關心當前的政治和社會改革，而托克維爾的主要貢獻則是在歷史事件的新詮釋。

勒提出的德瑞克特定律，也可以看成是莫斯卡和巴列圖直接
的思想傳承。

巴列圖和米歇爾對於他們所發現像定律一樣的社會規
律毫不懷疑；尤其是巴列圖，對於自己的姓氏被用來命名定
律，還沾沾自喜。在無效論往後的發展過程，只有後面這件
事有所改變。就是，當輪到史蒂格勒宣告有一條像自然律一
樣的規則在統御著社會經濟領域，而且這個規則永遠會粉碎
所得重分配的企圖，他選擇用一位資深而不太有名氣的同僚
的姓氏來命名。史蒂格勒之所以如此謙虛，或許是考慮到不
自居其功，反而會增加這個「定律」的權威。另外一種考慮，
或許是他想和他所宣揚的定律保持一點距離：畢竟，在巴列
圖發現他的定律七十年之後，社會科學界一直未能發現真正
有效的「定律」。無論如何，無效論再一次被提出，而且是
以曾經讓巴列圖和米歇爾得心應手的相同形式出現：社會科
學界新近發現了一條統御社會世界的定律，這定律是社會改
革工程無法跨越的障礙。

在這點上，悖謬論和無效論之間比較實質的差異便露出
端倪。乍看之下，我們可能會以為，無效論跟悖謬論一樣，
是建立在人類行動之非預期結果的觀念之上。無效論和悖謬
論表面上的差別是：前者是意圖之外的副作用，抵消了原來
的行動；而後者則是副作用太過猛烈，以至於產生了和原先
企圖恰恰相反的結果。但是，無效論所建構的論證形式卻完
全不是這樣，儘管它看起來是悖謬論一個較溫和的版本。無

效論的場景是這樣的：人類的行動或意圖之所以遭受挫折，不是因為這些行動引發了一系列的副作用，而是因為它們想要改變不可能改變的事物，因為它們忽視了社會基本結構的力量。因此，這兩種論述對於社會世界以及具有意圖性的人類社會行動，抱持幾乎完全相反的觀點。悖謬論認為社會世界是非常**不安定的**，每一個動作都會立即導致各種與之抗衡的動作；相反地，無效論的鼓吹者則認為世界是**高度結構化的**，根據內在規律運行，而人類行動毫無改變世界的能力。無效論的說辭（人類白費工夫於特定目標、但並不是造成反效果）似乎相對溫和，然而它的殺傷力卻毫不遜色，在於我先前說過的污衊特性，它輕侮地駁斥社會世界可以進行進步改革的提議。

因此，這兩種論證各自有很不一樣的意識形態的親和性，就一點也不令人訝異。梅斯特在其精采的悖謬論述中指出：神的意旨挫敗了人類行動者。神意導致完全與人類意圖相反的結局，她幾乎是涉入了**個人的**好惡，樂於進行「甜美的復仇」，並且樂於揭發人類的無能。但在無效論的說法裡，人的行動雖備受嘲諷與挫折，卻不帶有那種個人的怨忿之氣。無效論只是指出：人類以行動頂撞無情地統御世界的莊嚴規律，乃是不切實際的。就此而言，悖謬論親近於神話與宗教，親近於信仰超自然力量直接干預人類的事物；而無效論則比較依賴於對科學權威的信仰，以及特別是十九世紀所熱切追求的，以當時被認為堅若磐石的統御物理世界的規律

來建構社會科學。悖謬論與浪漫主義有強烈的關聯；而莫斯卡、巴列圖、和米歇爾等人的無效論則援引科學，因而非常適合用來對抗興起中的馬克思主義思潮，因為馬克思主義運動也是穿戴著科學的外衣。

悖謬論和無效論之間的差異，也可以從晚近經濟學的發展中清楚看到。在前一章我提到經濟學家熟悉悖謬作用，因為這個概念是從他們的學科的最基本原理產生的：供給予需求如何決定一個自律市場中的價格。人為干預市場運作，像是房租管制和最低工資立法，都是在課堂中的名例，即人類行動招致了反效果——亦即悖謬作用。大部份經濟學家都同意，在缺乏強有力的相反論證之下（最低工資立法就是適當的例子），經濟政策應該避免對個別的商品市場做產量和價格方面的管制，以免增加悖謬作用發生的機會。然而，儘管凱恩斯以及凱恩斯學派人士，對此個體經濟學的論點都有共識，但他們仍然偏向主張干預式的**總體經濟**政策，理由是：總體經濟活動可能會在某個令人難以接受的點上停頓下來，而在該點上有相當程度的失業，以及機器設備與其他生產因素的產能過剩。

這個學說在二次大戰後初期的高成長年代，獲得知識上和政策上的支配力，但到了七〇年代就備受挑戰，因為它無法解決不斷升高的通貨膨脹，以及同步發生的經濟成長停滯和相當高的失業率。與凱恩斯學說抗衡最成功的，是在經濟學這一行裡稱作「貨幣主義」，尤其是「新古典經濟學」或

者「理性預期」等理論。從我們的觀點來看，這些對於凱恩斯學術體系與政策的攻擊，最有趣的地方是它們都依循**無效論**的理路來包裝，而非悖謬論。換言之，這些新的批評者並非主張，凱恩斯式的貨幣政策或財政政策會**加深**衰退或**增加**失業；而是指出凱恩斯政策的後果，特別是當人們高度期待政策即將實施，會導致經濟操作者的心理預期與對應行為，因此**抵消掉**這些政策，使其無法發揮作用。我們再一次看到，這種論證形式表面上不是很極端，但卻更惹人惱怒。*

　　悖謬論和無效論之間另一個類似的區別，是關於人類行動的有效（或無效）程度。乍看之下，我們會以為悖謬論的宣稱要比無效論強烈：當一個導向可欲目標的行動造成反效果時，這個結果理當比無效的行動嚴重。話雖如此，但是從評估人類目的性行動成功機率的觀點來看，無效論卻比悖謬論更具破壞力。在一個充滿悖謬作用的世界，人類社會畢竟還有干預的可能。假使調降匯率不但沒有改善國際收支平衡，反而使之惡化，為什麼不試一下匯率升值？同樣地，假使發現使用安全帶和設定速限真的會增加肇事率，那麼認為禁止使用安全帶並且規定最低行駛速度（而非規定最高速

---

\* 舉個例子。當莫地格里安尼（Franco Modigliani）接受訪談提到理性預期理論時，再三使用「荒謬」、「侮辱人」、「胡說八道」等詞彙；對於一個通常禮貌得過頭而且自制的人而言，他說的話確實很重。參見 Arjo Klamer, *Conversations with Economists* (Totowa, N.J.: Rowman & Allanheld, 1983), pp. 123–124.

限）會使事情好轉，並非不合情理。相對地，只要無效論的論證能夠站得住腳，人為的引導和干預就**毫無**發揮的餘地，遑論「細緻調控」。經濟或社會政策一點也抓不住現實世界；不管好壞，現實世界依其本質，是由不受人類行動影響的定律所統轄。更糟的是，這種代價高昂而徒勞無功的行動，必然使人士氣低落、意志消沉。最後只能達到一個結論：凡是牽涉到救濟性質的政策制定，就需極度克制；而且，凡是無效論適用之處，政府當局或許就應當採取憲政規則來**約束自己**，以抗拒那種「做些事情」的虛妄和有害的衝動。

最後，悖謬論和無效論的鼓吹者應付他們對手的方法也大異其趣。悖謬作用的分析家通常非常陶醉於他們的發現，一心想要宣稱其發現為空前的洞見、並且是**沒有任何人預見或希冀**的事件，所以他們喜歡把造成災難的政策制定者，說成對其所釀成的禍害一無所知，但之後卻又對自己的**良善意圖**備感失望。為了傳達這種理念，悖謬論者故作降尊紆貴之態，大量使用「滿懷善意」、「用心良苦」等詞彙。引發這悖謬作用連鎖事件的人們，被刻畫成對於社會力和經濟力之複雜互動關係毫無起碼的了解，荒謬該死。但是，至少他們的善意是不會被攻擊的；相反地，因為善意與他們無可救藥的天真乃是一體兩面之事，所以頭腦清醒的社會科學家才負有揭露真相的使命。

無效論的論證則很不一樣。他們典型的說法是，想要透過民主選舉使無權者有力、或者透過福利政策使窮人脫離貧

困，只會使得現存的權力和財富分配結構持續下去，甚至更加鞏固。但是當那些政策的負責人，竟然同時也是政策的受益人，事情就啟人疑竇，這些人絕非那麼天真無知而且心存善良。既然他們的善意受到質疑，那們用來合理化這些政策的種種社會正義的理由，就會被認為是包藏私心的煙幕彈。因此才會出現像《有錢人的福利》這樣的書名，以及在本章開頭提到的藍培度沙所用的委婉比喻。「進步派」的政策制定者，絕非天真而滿懷幻夢，反倒是狡猾的設局者、醜陋的偽君子。

然而，情況並非總是像我講的如此黑白分明。悖謬論者長期以來，將主張政府干預的決策者說成方向錯誤但「用心良善」。他們晚近卻感染到相反的判斷，亦即把這些政策制定者視為存心「尋租」；換言之，事情就像巴列圖說的，他們故意掠奪自己的公民同胞，藉由創造壟斷的機會來汲取貨幣或其他利益。[38] 無效論者卻反過來，他們在「揭露」改革者真正的自利動機之餘，常會接著嚴辭譴責改革者的極端無知，即便他們的無知帶著「善意」。

### ● 無效論的難題

姑且不論「進步」政策的鼓吹者是天真無知、或是狡詐自私，無效論努力證明進步派所宣揚的目標（建立民主制度或所得重分配計劃）和真正的實踐（寡頭統治或大眾貧困的現象依舊不變）之間存在著不一致的現象。這種「揭發」或

「暴露」的事業，讓無效論更加茁壯，但它的麻煩是把話講得太滿。無效論者一旦逮著了一點證據（例如某個福利計劃並沒有達成所宣稱或預期的目標，而被現存結構和既得利益所阻撓），就急著做出判斷，完全不讓社會有學習或漸進修改政策的空間。整個社會和政策制定者，一點都不像這個富有反省能力的社會科學家；而是被說成全然缺乏自我評估的能力，也被假定成可以無限容忍那眾人皆知的偽善（亦即，價值宣稱和實際執行之間的落差）。

因此，要有力地反駁無效論，就必須採取如下的說法：它沒有認真對待自己的角色，以及嚴肅考慮**它自己對事件所產生的影響**。無效論所說的政策目標宣示和真實社會後果之間落差不斷增加的故事，不可能說完就沒事。那些說法會影響聽眾，造成他們心理緊張，進而引發一種**若非自我實現、便是自我否定**的動力。無效論斷言改革毫無意義，因此當改革政策遭到扼殺或半途而廢時，這種說辭就會削弱了人們的改革意志，此時無效論就發揮了自我實現的作用。就這層意義而言，莫斯卡和巴列圖可算是促成了義大利法西斯主義的興起，因為他們對剛剛萌芽的義大利民主制度極盡嘲諷之能事。另外一種情況是，無效論的宣稱激起人們更堅決的努力，以及更豐富的知識，最後達成真正的改革，此時無效論就啟動了自我否定的能量。無效論因此經歷了值得注意的角色變換：它從最初那種冷漠訕笑人類愚蠢與自欺行為的觀察家，搖身變成活躍份子；它宣告發現的任何真理不過是過眼

雲煙，雖然它曾經如此確信其判斷是建構在社會世界中若干
不變的「定律」之上。

　　由於無效論對於「被聲稱的」進步與改革，採取輕蔑與
揭發的態度，它無疑屬於保守的陣營。無效論確實是反動派
的主要利器。然而，如同我們已經提過的，無效論與政治光
譜另一端的激進論述，有著親密的關係。無效論的一個額外
特徵，就是它能把激進論述和反動論述聯繫起來。

　　悖謬論對它認為有反效果的政治、社會、與經濟政策，
採取極端嚴肅的態度；然而，無效論卻嘲諷那些改革若非弄
巧成拙，即是白費工夫。既存的社會秩序善於自我複製；在
自我複製的過程，它會擊潰或吸納改革或進步的努力。在這
一點上，它展現了與激進推理方式之間非比尋常的親近性。
激進派常常嚴辭譴責進步派或改革派忽略了社會系統的基本
「結構」，並且助長了實施「局部」社會改良的幻想像是推動
民主的管理體制、初級教育的普及、或者某些社會福利計劃
——而無須先做社會結構的「根本」變革。但是，假使這種
局部改革真的通過立法，下一步便是論稱：先前已經存在的
支配模式並沒有真正改變；儘管有這些局部改革，或者說**正
因為**有這些局部改革，反而使得既存結構的內在運作方式
更加撲朔難解。就是在這個節骨眼上，一些比喻，例如「面
具」、「面紗」、「偽裝」等等，便紛紛出籠；而激進派的社會
分析家們，也像他們保守派的對手一樣，熱心推銷起撕開面
具、揭開面紗等讓我們看穿偽裝的服務。

　　這些批評家們好像從來沒有想到，一個社會福利所宣告的目標和真實的效果的緊張關係，遠比面具與真實這種對比的描述複雜許多。這個被使用得很浮濫的比喻所暗示的關係，有時候會劇烈改變，這和一些批評者所自承傾慕的辯證法是一致的：所謂的面具竟然可以顛覆現實，而不是掩飾或保持現狀。我在另一篇論文曾說，比較適切的比喻（最早由科拉科夫斯基提出），是希臘神話中的「內色斯罩衫」，荷丘力斯穿上這件浸染過人馬獸內色斯血液的罩衫，最後卻招來火焚。[39]事實上，我們這些保守派或激進派的批評家們，在斥責所宣揚的政策目標離事實太遠的時候，反而在編織這樣一件外衣。不過，總體而言，他們不知道自己的角色，或反倒是件好事；否則，沒有他們吹毛求疵的行徑，就無法激發與之抗衡的行動力。

　　偶爾，我們會很高興看到，他們的腦子不再那麼清醒而滿是慍恨，或許添加點他們極力譴責的天真無知，稍稍放開心胸，給那意外的、可能的世界……

# 4 危害論
## The Jeopardy Thesis

　　悖謬論和無效論，雖然各有論述的理路，但有一點共通之處，就是論證的形式都非常簡潔而單刀直入。這正是其魅力所在。兩者都指出為什麼某些目的性的行動最後都慘遭挫敗。行動的結果不是什麼事情都沒改變，就是反而導致與意圖相反的結果。我們僅僅運用這兩個極端的類型，就可以處理一大堆重要的反動論述，著實令我訝異。然而，還有第三類的反動論述，它和改革唱反調的方式比較符合常識、也比較溫和，因為它不想和主流的公共意見產生正面的衝突。我在前文已經說過了，這種特點是「反動修辭」的正字標記。也就是說，變革的提議本身或許是可欲的，卻會引起這種或那種令人難以接受的成本或後果。

　　這種論述的思路，大致上分幾個大類。二十世紀初劍橋大學著名的古典學者寇恩福特，曾經發表一本題為《學院現形記》的小手冊，他以精湛的戲謔手法，處理幾種這類型的反動修辭。*寇恩福特把他這本手冊叫做「學院青年政客指南」，目的是在教導年輕學者如何廣結善緣以獲得影響力。

方法是：**反對**任何學院程序的變革，但是卻假裝「在原則上」同意改革者的目標。寇恩福特區分兩個主要的「政治論證」：楔子原理以及危險前例原理。以下是他對這兩個原理的古怪定義：*

　　**楔子原理**是指：人們預期你會公正地行動，如果你現在不做，則將來可能有更大的壓力期望你如此做；不要因為害怕你將來會無法滿足這些不斷升高的期望，而決定現在就去做。……**危險前例原理**則是指：不要因為害怕自己將來會沒有勇氣去做一個公認正確的行動，於是現在就去做。將來之事，**根據假設**，絕對是不一樣的，但是表面上卻貌似當下的情境。（頁三〇至三一）**

---

* 這本手冊出版於一九〇八年，在英國的大學圈子裡頗有些惡名，也常重印。當我在各種學術場合演講這本書的部份內容時，不斷有牛津劍橋背景的聽眾跟我提到寇恩福特的書。我很感謝這些人，特別是借給我第二版（Cambridge: Bowes and Bowes, 1922）的 John Elliott。在分析保守主義的人裡面，似乎唯獨寇恩福特和我一樣，對於反對改革的修辭形式有興趣，而非其底層的哲學或世界觀。不過我和他的不同點是，我說服自己說，這個主題值得比較嚴肅、而不只是純粹玩笑式的處理。
更早以前，邊沁在《政治謬誤手冊》（*Handbook of Political Fallacies*）一書中，也嘗試歸類整理反對變遷改革的論證，不過結構比較鬆散。該書先在一八一六年出版法文譯本，之後才在一八二四年出版英文本，一九五二年由 H. A. Larrabee 編輯再版（Baltimore: Johns Hopkins Press）。邊沁的興趣比較是在駁斥他收集多年的特定論證，而不是檢討論證的性質。

事實上，這兩個原理是密切相關的。採取這種論述的人，並不會爭辯改革提議本身是錯的；而是，由於改革會導致一序列的事件，因此，往提議的（本質上是正確或公正的）改革方向推動，將會帶來危險、鹵莽、或甚至不可欲的後果。寇恩福特所謂的楔子原理，或許今天有更多人稱之為「楔子的尖端」***（thin edge of the wedge，英國的說法是 thin end of the wedge）。其他幾個相關的比喻意義也頗類似，例如說某個行動的提議是「在門邊插上一腳」（a foot in the door）、或「冰山一角」（the tip of the iceberg）、或「帳篷底下的駱駝鼻子」（the camel's nose under the tent）。「滑坡謬誤」（slippery slope）是相關的意象，使用得很廣，但也常被濫用。這些豐富的比喻，說明了這種反動修辭的普遍性：某個行動雖然本身沒有什麼可以反對的，但是卻會導致令人不愉快的結果。

寇恩福特的說法誠然清楚易懂。但是，這裡我將運用歷史素材，追尋另一種不同的論證形式。如我們所知，馬歇爾使用同樣的素材，來申論過去兩、三百年來，公民權利的進步擴張，從民權到政治權，終於走到社會經濟權層面。但是這個分成三階段而不斷累積進步的故事，本身就會招來攻擊和破壞，因為從一個階段進入到下個階段的路途，一點也不

** 寇恩福特簡單地提到另外一種反對改革提議的常見理由：雖然改革本身是正確的或公正的，但是卻不應改革，因為「時機尚未成熟」。這種論證稱為「時機不成熟原理」（頁三二）。
*** 譯註：意謂開了一個口子則後患無窮。

平順。事實上，常有人說，人類社會的進步困難重重，任何新近的「向前邁進」的提議，都會嚴重傷害我們**先前**已經獲得的成就。

　　這種說法是反對**新的**改革方案，強而有力的論證。當一個改革提議本身被認為是可欲的，此時企圖說服人們這個改革的成本或副作用超過了它所帶來的利益，這種攻擊方式通常會很困難，因為這樣的批評，牽涉到在異質性的利益和成本之間做非常主觀的比較。但是，假如我們能夠證明，兩種改革就某種意義而言是互相排斥的，而新的改革方案將會危害到舊的改革成果，那麼這種權衡利弊的比較工作，就可以轉變成關於「社會進步之兩面性」的籠統提問：為了新的改革而犧牲掉已經達成的社會進步，值得嗎？有了這個說法，反動派便再度披上了進步的外衣。他們先是假惺惺地宣稱改革不分新舊都是可欲的，然後又說一個新的改革方案假如付諸實行，會如何**扼殺**另一個珍貴的舊改革，何況這個舊的改革可能才剛剛步上軌道。也就是說，新的改革會危害到這得來不易的舊有改革的成就，因此我們萬萬不能等閒視之。這樣的陳述，我們稱之為**危害論**。它的論證方式，要比悖謬論與無效論更加複雜，而且牽涉到更多的歷史論據。

　　依照馬歇爾的歷史三階段論，民權、參政權、和社會經濟權等三個面向的公民權，是歷經三個世紀**循序漸進**才達成的。這樣的理論建構到底有多大的程度掌握到歷史事實？我們在思考這個問題時，馬上會想到危害論將以何種面貌出現

在每個清楚分期的進步潮流中。例如，在十九世紀，在那些民權和自由權已經確立的國家，當擴張選舉權和民主政治的主張被提出之際，就是危害論興風作浪的絕佳時機。反對擴張選舉權的人，想必會描繪這樣的景象：那些得來不易的民權和自由權，將因倡導民主政治的推進而淪喪。在下一個階段，當社會安全和相關的社會福利立法被引進之際，反對者可以部署一種雙向的攻擊。有些人會說，福利國家可能會危害到早已確立的個人權利（這是馬歇爾所說的公民權的第一個面向）。另外則會有人試圖指稱，福利國家會威脅到民主政治（這是馬歇爾的第二個面向的公民權）。更常見的攻擊則是兩者合而為一。

因此，馬歇爾的歷史進步論直接引起兩種可能的危害論的攻擊：

第一、民主危害自由。
第二、福利國家危害自由或民主，或同時危害兩者。

事實上，這兩種論述都已經被提出過，而且，馬歇爾的階段論是否確實有效和適用於歷史分析，也可藉由這些論述加以檢證。但是，我們不難發現，危害論的種種論述，會特別適用於某些國家。箇中原由當然是馬歇爾的階段論乃緣於英國的歷史發展。因此，對於那些從民權到參政權到社會經濟權的發展過程不是那麼平順而「循序」漸進的國家，馬歇

爾的架構就不太適用。但是,危害論針對這些個別情況所做
的各種變奏,本身倒是可以透露歷史真相。

　　同樣地,我們在其他方面的考察,不只要確定馬歇爾的
架構仍然適用於分析歷史發展,但同時也要質疑他的分析架
構過度簡化。歷史上曾經接二連三發生企圖封鎖公民權持續
擴張、或甚至想走歷史回頭路的強悍「反動」浪潮。馬歇爾
對這些反動浪潮略過不提;也忽視各種公民權的擴張會互相
衝突的可能性。他所看到的歷史過程純然是累加的,公民權
魚貫進入歷史的行列,而不會產生互相排斥的問題。圍繞著
危害論所提出的反動論述,確實挖掘出一些真正的難題。就
此而論,我們的考察是對馬歇爾的樂觀主義提出補救措施,
同時也提醒讀者,公民權的發展過程的確存在著相當真實的
進退兩難困境與衝突。

## ▶ 民主對自由的威脅

　　對於民主化和個人自由權能否兼容並蓄的質疑,其實
並非新奇之事。在這裡,民主化指的是透過實施普選權而
擴大政治參與;而個人自由權則是指十八世紀時著名的「保
障生命、自由、和財產的自然權利」。馬歇爾對於公民權在
公民(或民權)面向和政治面向的區分,跟其他關於權利的
各種二分法有親密的關連。但是這些二分法,不像馬歇爾的
架構,長期以來被視為對立的概念。首先是自由和平等的區

分。這很像馬歇爾的民權和參政權這組概念，假如自由意謂著保障每個公民的「自然權利」，平等則是被理解為普選權的制度化。即使這樣的平等觀念很狹隘，它和「自由主義者的自由概念」的抵觸已經相當可觀；如果我們賦與平等更廣的定義，則兩者衝突的潛能就更大了。自從法國大革命矢言同步實現自由與平等，尤其是托克維爾在《民主在美國》一書中強烈質疑兩者並存的可能性之後，這兩種理念之間衍生的多重緊張關係，已經備受討論。

再者，自由這個概念本身非常豐富而曖昧，它包含了獨特而互相對立的意涵。一個有名的例子是以撒・柏林於一九五八年在牛津大學的就職演說中提出的〈自由的兩種概念〉。[1]柏林把消極的自由定義為：個人有「免於」他人或政府當局某些干預的自由；積極的自由則指：個人透過參與公共事務和社區政治生活，而有「實踐」傳統共和德行的自由。這裡，我們再次發現柏林與馬歇爾的概念有重疊之處。公民權的公民面向大抵等同於消極自由，而公民權的政治面向則與積極自由雷同。積極自由和消極自由之間的內在關係以及兩者可能引起的衝突，政治哲學界已經有相當精彩的討論。[2]

自由的概念另外一個有名的區別，是龔思坦在一八一九年提出的「古代人的自由」和「現代人的自由」。[3]根據龔思坦的說法，古代人的自由是指希臘城邦的公民在公共事務方面的廣泛參與，而現代人的自由，相反地，是指公民有權

擁有一個寬裕的私人空間，能夠自由從事宗教、思想、商業
等種種活動。顯而易見地，龔思坦這組概念跟馬歇爾對於民
權與參政權的區分很類似。但是，他認為這兩種自由有很大
的程度是相互排斥的。因此，他才能批評盧梭（以及受盧梭
思想影響的雅各賓革命黨人）誤把古代人的自由概念當作典
範，去追尋時代錯亂的烏托邦式目標，而導致諸多災難。

　　以上簡介與馬歇爾的民權和參政權概念相關的幾種二分
法，顯示我們即將討論的主題有多麼豐富而複雜，同時指出
危害論的吹毛求疵，為何反覆出現。

　　因為這個主題過於龐大，我將把討論的內容限定在幾個
重要的歷史時刻，而危害論就在這些**具體的歷史脈絡**中被提
出。換言之，我並不想廣泛地比較民主與自由兩者並存的優
劣與前景，而是要指出邁向民主政治治理的舉動，如何在它
們將危害「自由」的各種形式的論調下，遭受反對、警告、
與哀悼。

　　危害論全面開展的範例當屬十九世紀的英國。彼時，當
拿破崙戰爭結束之際，英國已經是一個享有悠久自由權傳統
的國家。幾個世紀以來，自由權通過大憲章、人身保護狀、
人權法案、請願權、以及新聞自由等法案而持續進展。同時，
英國也有由地主仕紳階級治理的深厚傳統。然而大約在十九
世紀中葉，要求擴張選舉權的激烈而持久的鬥爭，在國會和
公共論壇展開，有時也在街頭上演。這些爭鬥最後成就一八
三二年和一八六七年兩次重大的改革法案。由於這一連串改

革鬥爭是以英國長期確立下來的、備受珍視的自由權利為背景，因此在反對兩次改革的聲浪中，危害論便成為最主要的論調。

## ● 英國：一八三二年和一八六七年的重大改革法案

一八三二年的改革法案，提議將選舉權擴大到所有居住在都市地區（即所謂的「城鎮」）年繳稅金超過十英鎊的男性家長。這個規定與其他條文合起來，仍然排除九〇％以上成年男性人口的選舉權。但是，這是歷史上首度將選舉權給予工商和專業團體等上層階級。新方法採取了納稅金額的普遍標準，同時也取代傳統制度那種基於家庭與氏族關係、經常變幻無常的老辦法。

這個改革法案最後能夠通過，有一點值得特別注意。地主出身而主張改革的輝格派和他們的盟友，對於將選舉權**進一步**擴張到「群眾階級」，其內心的敵意其實和反對改革法案的死硬派托利黨人如出一轍。這兩個團體都非常害怕群眾參政。群眾參政意味著「民主政治」，而民主這個當時使用得很廣的詞彙則是想像出來的惡魔，它被用來替代聽起來有進步意味的「普遍選舉權」。一九一四年，巴特勒在其評論一八三二年改革法案的經典論文中指出：

　　民主政治這個詞在一八三一年所佔據的位置，就像社會主義這個詞在今天所佔據的類似的位置。民主被視

為莫名的恐怖之物。假如各個值得尊敬的階級不團結起來，則這個到處蔓延的恐怖災難就可能「降臨」，而且勢必「降臨」。民主政治一旦降臨，國王和地主就會消失無蹤，從而我們祖先的優良道統也必遭破壞殆盡。[4]

由於英格蘭從十八世紀以來就有「崇拜英國憲政制度」的傳統，因此上面這種一般化地使用危害論的方式才會變得如此方便。[5]當時鄰近的法國正歷經革命紛擾，英國國內又有柏克那有力的保守主義評論，因此更強化英國人對憲法的崇拜。這種崇拜的一個主要內容是，人們認為英國憲政制度能夠在皇家、貴族、和民主三股力量之間得到微妙的平衡。所以，反對改革法案的人強調，選舉權的擴張會破壞這個平衡。總而言之，正因為「憲法」不是人類心智的產物，那麼就不應該以人為的力量加以質疑干擾，否則全世界唯有英國人才享有的自由權利很可能就此枯萎凋零。許多反改革的宣傳手冊就是使用這些慶幸的言辭來討論事情。其中之一，例如，自由派的雄辯家卡寧，就曾於其演說中指出：

> 讓我們珍惜我們幸運享有的優勢。讓我們感恩呵護真正自由的火焰，我們的憲法是守護這天堂之火的聖殿。為了使它光芒四射，我們千萬不可傷害這純淨的火焰，也不可讓它熄滅。[6]

在英國下議院，輝格黨人和其他支持改革法案的人，大都抱持這樣的觀點；而所謂的「教養階級」一般也都反對實質上的選舉權擴張。在這種情況之下，唯一可以合理化改革法案的方式，就是鄭重其事地說服他們自己，選舉權的各種明文的限制條件，將會是英國憲政秩序的一個**永恆不變**的特色。在下議院辯論的最後階段，羅素爵士在關鍵時刻，提出一個「立即聲名遠播的宣告：部長們將這個改革法案視為『最終的』議案。」[7]幾年以後，一個當時的觀察家普雷思諷刺說：

> 葛瑞爵士和他的同僚……竟會這麼不可思議地說服自己相信，下議院的這次改革可以、而且（照他們自己的說法）將會是「最終的議案」。[8]

改革法案的支持者，之所以會有這樣奇怪的自我欺瞞，或許是因為他們將選舉權附加了納稅金額的門檻。城鎮家長年繳十英鎊稅金的這個關鍵數字，代表著「卓越與顯赫」的社會地位，因此是未來阻止「民主政治」入侵國會相當合理的防線。[9]十英鎊這個數字假以時日，難道不會跟神聖化的英國憲法的其他諸多元素，同樣獲得權威？

事情當然不是這樣發展的。三十五年之後的一八六七年，經過幾個月的尖銳辯論和一連串手忙腳亂的合縱連橫，下議院通過了第二次的改革法案。這個關鍵的改革，引進了

可怕的「民主政治」。這次的改革把投票權給予所有居住在
城鎮一年以上的家長，於是選舉權便擴張到所有的中產階級
男性，甚至包括一部份的勞動階級。納稅金額門檻對於都市
寄宿者（租屋房客）和鄉村地區居民仍然存在。而且迪思瑞
利偶爾還辯稱，這個法案會是「提防民主政治的一道屏障」。
[10] 但是，這一次迪思瑞利和他的盟友就不再堅稱，當時仍然
存在的對普遍選舉權的限制是「最終」條件。相反地，保守
派的德彼爵士在決定性投票之前的著名演講中露骨地說，這
個改革法案通過之後，英國國會和這個國家就會「在黑暗中
躍進」。[11]

　　當擁護改革的論證以上述姿態進展，**反對改革者**的措
辭仍然堅持駐守在危害論的論述。的確，隨著十九世紀最後
三十幾年民主化的腳步，危害論的說辭使用得更加頻繁，直
到人們明白選舉權擴大到群眾階級**並不會**扼殺英國「古代的
自由權」。在下議院，原屬自由派（輝格黨）陣營的羅歐是
改革法案主要的敵人。他曾經在澳洲政府服務過而且政績卓
著，文章也常刊登在《泰晤士報》而頗有影響力。但是在這
次的立法爭議中，他與輝格黨的領導階層分道揚鑣，在幾次
廣受注意的演講中倡言反對改革法案，其中最動人的或許是
一八六六年四月二十六日那場演說的華麗結語：

　　　　先生，現在我已經竭盡所能追索出這樣一個改革措施
　　將會帶來什麼樣的結果。這個措施盤算著，一個接著一

個，摧毀掉至今確保英國人幸福與繁榮的制度。而英國這樣的興盛是空前的、而且可能是絕後的。幾個世紀以來的豐功偉業、無數聰明的腦袋跟堅定不移的奮鬥所達成的舉世無匹的成就，一定要繼續發揚光大，而不是讓它成為革命激情的犧牲、或是人性愚懦情緒的祭品！但是，假若我們真要沉淪，也應該沉淪得有意義。今天，我們並無內憂外患，卻在舉國繁榮富裕之際，竟然要以自己匆促鹵莽的雙手，砍下我們自己這洋溢自由與光榮的頭顱。[12]

這樣的怒氣讓我們想到羅蘭夫人有名的吶喊：「哦！自由，多少罪惡假汝之名而行之！」羅蘭的名言只要稍微修改，就可以適切評論羅歐的演說以及其他許多類似的危害論的論述：「哦！自由，多少改革假汝之名而阻之！」

羅歐如此抒情呼喚已向投票權擴張悲慘地投降的自由之魂，頗切合戲劇的大結局；倒是，在演講文中，他確實針對提議中的改革方案將帶來何種具體傷害，提出比較細膩的推理。他的基本論點並不令人意外：當時許多人普遍認為，把投票權擴張到勞動階級和窮人，遲早會創造一個多數統治的政府，這個政府會直接或者運用掠奪性徵稅的手段來剝奪富人的財產，如此，將侵犯一項基本的自由權，就是擁有財產並且累積財產的自由。羅歐很直接地說：

　　因為我是一個自由主義者，我認為把權力從擁有財產
　和智能的人手裡，轉移到每天必須為了生存而奮鬥的人
　手裡，是極端危險之舉。[13]

　　羅歐在演講中也很聰明地訴諸麥考雷的權威。麥考雷是
一八三二年改革法案的創造者之一，也是最有力的倡導者，
但是他堅決反對普選權，理由是普選權一定會導致對富人財
產的「掠奪」。麥考雷曾經在一封寫給美國友人的信件中說：
「長期以來我堅信，純粹的民主制度遲早會摧毀掉自由與文
明。」[14]這個說法有雙重特點：一方面，因為普選權而產生
對富人的掠奪，本身就構成侵犯財產權這項基本自由；另一
方面，試圖侵奪富人可能會導致軍人干政或獨裁政府，這樣
也會扼殺自由。為了證實他的第二個論點，麥考雷大量引用
法國的事例；法國在一八四八年革命之後實施普選權不久就
招來路易.拿破崙的獨裁統治，導致了「專制主義、沉默的
國會講壇、以及被奴役的新聞界」。[15]

　　反對選舉制度改革的主要意見，或者更廣泛地說，反
對「民主」的理由，除了是關心財產權的保障之外，還害怕
英國國會制度的穩定性遭受破壞，以及各種市民自由權無法
維繫下去。一八三二年的改革法案也曾經引起類似的擔憂，
但是隨後幾十年的發展，證明了這些擔憂毫無必要。然而，
儘管諸事如此平順，保守派的思想家依舊論稱這次的改革會
導致災難。歷史學家雷基還多跨了一步，他在一八九○年代

建構了一個黃金世代的圖像，以兩次改革法案作為時間的切點；英國在這段期間享有太平盛世，但不過短短幾十年就被放棄。「我從來沒有見過，全世界有其他什麼地方，曾經比一八三二年和一八六七年兩次改革法案之間的英國，擁有過更好的憲法。」[16]

在十九世紀的最後幾十年，其他保守思想家，例如史第芬、梅恩爵士、史賓賽等人，也同樣認為選舉權會危害良好政府與「自由」而持反對立場。這些人的觀點重複之處甚多，毋需長篇贅述。他們大部份的論點，都已經由羅歐在反對第二次改革法案的熱烈辯論中提出過。羅歐也創造了一些危害論的各式論點，比方說「民主政治」會傷害中介制度、威脅司法獨立、增加國家捲入戰爭的風險等等。[17]

危害論一個特別有趣的地方是它在經濟領域的論證佈局。羅歐在下議院的主要敵手是以前同屬自由派陣營的布萊特。二十年前，布萊特曾經在撤廢穀物法運動中大獲全勝，今天他又在擴張選舉權的戰役中扮演改革的前鋒。羅歐在一八六六年四月二十六日的那一場演講中提醒布萊特說，一旦把投票權給予所謂的「大眾階級」，將會使早先推動自由貿易的成果暴露於危險之中：「看看自由貿易。假如我們在這個世界中只有一顆寶石，那一定是我們的自由貿易政策。那是我們的全部。但是，民主國家如何看待自由貿易呢？」[18]接著他就細數所有實施普選權而且採行保護主義政策的國家，從加拿大到澳洲的維多利亞和新南威爾斯，尤其是「極

盡保護主義之能事的美洲」。

　　民主會妨礙經濟進步的這種特殊形式的危害論，稍後梅
恩爵士在其充滿戰鬥性而反民主的《論大眾政府》一書中極
力強調：

　　讓任何一個有足夠教養的人想想，假如在過去兩個世
　　紀產生偉大科學發明和社會變遷的時代，曾經實施過普
　　選權，那會發生什麼事？普選權今天使美國排斥自由貿
　　易，那麼它在過去，必定也會禁用多軸紡紗機、動力織
　　布機；它也必定會禁用打穀機。[19]

　　梅恩很喜歡這個論點，因此他在該書的另一篇文章中又
加以潤色鋪陳：

　　所有讓英國聲名遠播而繁榮富裕的，是少數人、而且
　　有時候是極少數人的努力。我很確定，假如過去的四個
　　世紀在這個國家，曾經廣泛實施選舉權，而且有很大一
　　群擁有投票權的人，那麼我們會**沒有宗教改革，沒有王
　　朝更迭，沒有宗教寬容，甚至沒有一份精確的日曆。打
　　穀機、動力織布機、多軸紡紗機、可能連蒸汽引擎，都
　　會被禁用。今天，甚至連接種疫苗都備受反對。**因此，
　　我們可以概括地說，讓群眾逐漸取得權力，對於一切根
　　據科學意見而從事立法的工作，是最不祥的惡兆。[20]

有趣得很，幾乎相同的論證，大約在十年之後，竟然被
另外一位我們熟知的反民主分析家雷朋所使用：

> 假如民主政治曾經在機械織布機、蒸汽引擎、和鐵路
> 發明的時代擁有像今天的力量，這些發明若非不可能，
> 要不然就是必須經過反覆的革命與屠殺才可能做到。群
> 眾的力量在科學和工業的偉大發現都已經達成之後才開
> 始擴張，這對文明的進展是何其幸運！[21]

在十九世紀的美好歷史經驗當中，經濟進步以及一些劃
時代的技術創新無疑是最重要的。到了十九世紀的下半葉，
整個世界和日常生活都可以看到被鐵路和其他技術進步轉變
的痕跡。因此，那些反對社會與政治變革提議的人，為了找
尋更有效的論點，就會轉而主張，這些社會政治變革會戕害
技術的持續進步。這種論點，不像我們先前討論過的「自由」
的案例，很難主張說「民主」確實會**摧毀**已經存在的技術進
步。因此，退而求其次的危害論說法就是：普選權會使得技
術**不再**進步。梅恩和雷朋兩個人，在十九世紀的最後二十
年，各自提出了這樣的命題。兩人論點的湊合最值得矚目，
因為該論點本身之荒謬顯而易見，而且幾乎馬上就被證明是
謬誤的；這個論點的出現，見證了（那個時代存在著）依循
若干相同思路從事論證的驅力。

一八六七年改革法案的立法過程是一次「鼓吹改革」的

非凡成就。*這個成就可能還超越了一八三二年那次比較出名的投票權改革。莫利在為葛雷斯東所寫的傳記中指出，那個改革是「英國國會史上最令人好奇的事件之一。」[22]葛雷斯東這批自由派人士，原先提出一個比較溫和的法案；但改革法案最後卻由德彼爵士和迪思瑞利領導的新任保守黨政府完成。這個過程本身令人困惑不已。如果此次的選舉改革最後是由保守派領導的，那麼許多保守黨人顯然並不相信羅歐和他的戰友依據危害論所提出的預言：把相當比例的選票給下層階級和中產階級，會帶來恐怖的結局。事實上，羅歐到處公開說，假如改革法案通過，受傷害的可能是下議院的自由派多數黨，而不是「自由」本身。他向他的自由派同仁警告說，「這些新選民當中的一大部份，耽溺於保守派的意見。而且，我確實相信，一旦實施政府民選，我們自由派這邊在下議院的一些最卓越的紳士，將會被他們保守派那邊的人取代。」[23]法案通過之後，這種說法有時候的確也被用來解釋保守派所扮演的角色。一個改革法案的反對者如此說：

> 對於許多獨立不移而且心智強健的人來說，保守派
> 民主政府的魅影，的確已成事實。一個若隱若現的觀念

---

\* 我在《邁向進步的旅程》（*Journeys Toward Progress*, New York: Twentieth Century Fund, 1963）這本書中，提出「鼓吹改革」這個詞，用來指涉在社會變遷的過程中，介於「和平改革」和「暴力革命」這個傳統的兩極想像的中間地帶。

是，窮人愈貧困，就愈容易被富人影響……人的心靈愈
是粗俗，就愈容易受制於傳統的情感……所有這些論
點，構成了保守黨的群眾內心清晰的信仰。[24]

　　之後，莫斯卡**反對**在義大利實施普選權，也是基於同樣
的立論。我們已在前文指出，他說識字測驗的廢除，主要是
讓義大利南方的鄉下群眾獲得投票權；但是他們的選票不是
會被收買、就是會受到半封建的掌權者的控制。故而，選舉
權的擴大如果能夠達成任何成果，那無非是**強化了**統治團體
的權力。

　　十九世紀下半葉英國的條件當然迥異於在經濟上和政治
上落後的南義大利。因此，即使人民大眾被認為是──如巴
澤特喜歡的形容詞──「順從」而「愚昧」，但或許因為個
人自由權已經長期在英國確立下來，所以羅歐編造的那種危
險景象就不會被採信。我們在前一章已經指出，即使像史第
芬這樣的保守主義者，有時也會循著無效論的思路來批評選
舉權的擴張，而不是採取悖謬論或危害論的思路。

　　進而言之，當反對改革的人訴諸對自由的危害，支持改
革的人可以提出其他的假想危險加以反制。改革行動可能產
生危險的反面思維是，不採取行動也可能有危險。這種典型
的「進步」思維採取的論證策略，就是鄭重其事地宣稱：如
果不採行改革行動，群眾會採取比投票更加威脅既有社會秩
序的行動。提出這個重要觀點的人是自由派的雷斯里‧史第

芬，他是我們前文指出的無效論提倡者詹姆士・史第芬的弟
弟。雷斯里・史第芬認為，選票可以把群眾的精力導向比較
無害的渠道，而且可以解除比較危險的群眾抗議方式（例如
罷工和暴動）的正當性。[25] 根據這個論點，如果改革法案沒
有通過（而不是通過），才會危害法律、秩序、和自由。

## ● 法國與德國：從危害論到自由民主互斥論

反抗第二次改革法案的這場戰鬥，是全面用危害論來
反對選舉權擴張的典型案例。到了一八六〇年代，一般輿論
的共識都認為，英國已經實質發展出一個井然有序、經濟進
步、而且相當合理的「自由」社會，尤其是對比於其他歐洲
國家。因此，人們擔心投票權民主化的這個改革提議會危害
那些備受珍視的社會成就，聽起來是很自然的。

其他國家的情況就很不同。這些國家從馬歇爾的「民權」
邁向「參政權」之路，並非像英國一樣平順有序。法國的史
例尤其重要。十九世紀的法國，大部份時光消磨於幾次的革
命、反動、以及政權更迭的動盪之中。因此，個人自由權利
的保障仍然相當不確定。結果，危害論這齣戲就缺乏聽眾，
因為很難辯稱，某個改革的提議會威脅到另一個根本不存在
的東西。

此外，法國實施男性普選權，並不像英國一樣歷經曠日
廢時的論辯。相反地，法國在一八四八年革命剛發生時的亢
奮期，幾乎在一夜之間就以普選權取代了七月王朝的納稅選

舉人制度。至此以後，普選權從來沒有被正式廢止過。路易‧拿破崙於一八五一年掌握政權之後，事實上還取消了一八五〇年頒佈的限制窮人階層投票權的若干居住條件等重大限制。在他高壓統治期間，曾經籌劃了幾次公民投票，而且是以沒有灌水的普遍選舉權為基礎。此舉更讓許多人相信，當時稱為「民主」的普選權，並不是和「自由」同步誕生；非但如此，兩者還可能是相互矛盾的。

當時法國有名的自由派人士普黑佛－帕哈鐸，在談到一家遭受關閉命運的報館時，明白地說：「民主的進步和自由的進步一點關係都沒有。一個社會可以在變得更加民主的同時，絲毫沒有自由國家應該是什麼樣子的觀念。」[26] 難怪這句話會被羅歐凸顯地引用在他於下議院發表的反改革演說集的序言，雖然這樣的引用有斷章取義之嫌。

由於歷史情境的差異，危害論在法國傾向以一種相當激烈的形貌展現出來：民主和「自由」根本就是水火不容。這個教義的一個淵源可能是我們先前提過的龔思坦關於古代人的自由（參與公共事務的自由與義務）與現代人的自由（有權享有私人生活與事務不受國家介入或干擾的寬裕空間）之間著名的區別。儘管龔思坦自己很清楚，我們需要將兩種自由結合起來實踐；然而他所作的概念區分，卻支持兩者分屬各自獨立的領域。這種概念上的混淆（先是盧梭，然後是緊隨其步伐的雅各賓黨人），被認為是造成歷史災難的罪魁禍首。差不多在半個世紀之後，保守主義的歷史學家福斯德

爾・庫朗日在他一八六四年出版的《古代城市》一書中，再
度確定了這兩種自由概念的區隔與互斥。他的書裡完全沒有
提到龔思坦原創性的論文，也沒有像龔思坦一樣對於這樣的
概念區分做細微的限定與保留。《古代城市》在學術以及其
他許多方面，都是對希臘與羅馬的宗教與制度的突破性再詮
釋。庫朗日開宗明義表示，他這本書要處理的主題，廣義而
言是指向古代社會，狹義而言則是針對古代人的自由；他認
為這個主題是現代人難以理解與感受的：

> 我們將嘗試提出用來區分古代人和現代社會的那些
> 基礎的和本質的差異……這一方面的錯誤認識是很嚴重
> 的。現代人對希臘和羅馬的理解，時常是誤導的。現代
> 人由於對古代城市的制度觀察不周，總想要在現代社會
> 復興這些制度。他們誤以為古代人享有某種自由，因此
> 自我欺瞞。**這就是現代人的自由遭受危害的原因。**過去
> 八十年來我國的歷史已經清楚顯示，老把希臘和羅馬的
> 古董擺在眼前的這種習慣，是多麼阻礙現代社會的發
> 展。[27]

　　庫朗日不像龔思坦，他不再承認古代人曾經發展出、或
者實踐過任何重要的自由理念。在他書裡的另一章，輕蔑地
談論雅典民主的政治成就：

擁有政治權利、投票權、任命行政官、有權擔任行政
首長等等，這些權利就是所謂的自由。但是，人就是因
為這些權利而被國家奴役了。[28]

庫朗日將他心目中的「真正自由」等同於「個人自由」，
因而認定古代人並沒有自由。他們「甚至連自由這個概念都
不曾想過。」

古代人並不知道私人生活的自由，也不知道教育自由
和宗教自由。普通人的地位，相較於那被稱為祖國或國
家的神聖、或甚至是神性的權威，根本算不上什麼……
一旦牽涉到城邦的利害，什麼也無法保證一個人的生
活……古代人立下了這個導致災難的準則：國家的利益
是最高的法律。[29]

簡言之，庫朗日表面上的論點是：以現代的觀念來看，
古代有名的民主制度完全沒有自由可言。現代人把事情想錯
了，這是「所有人類錯誤之中最突出的。」他這個論點所隱
涵的歷史教訓，則幾乎和危害論的思路如出一轍：如果你模
仿希臘城邦、實施民主政治，你將失去好不容易才爭取而來
的自由。這樣的立論，當然和龔思坦的原意相去甚遠。

在英國，一八六七年的第二次改革法案通過之後，群
眾參與選舉並沒有對長期確立的個人自由權利造成任何可見

的傷害。當這個發展明朗之後，民主政治與個人自由不能並存的想法，也就失去了可信度。然而，其他國家的情形如何呢？假如用比較普遍的形式來包裝危害論，例如民主與**某些**珍貴的遺產（比方說某種令人珍惜的民族性）是不相容的，那麼這種論點或許還可以存活下來。

這類想法的確可以從英國與外國觀察家的各種著作中整理出來。他們關心的重點，是我們今天稱之為民主政治的人格基礎的問題。是不是有某種人格類型，使得實施民主政治比較容易，而其他人格類型則困難重重；因此，為了民主政治，必須**拋棄**某些人格特質？換個角度來看，由於不同的國家有不同的「民族性」，所以某些國家的人民不適於民主政治，而富於其他的稟賦，例如藝術方面的才華？這種揣測遐想在宗教改革之後變得特別吸引人；尤其是在法國大革命之後，歐洲的大國例如英國和法國，各自走上了分歧的政治發展的道路，而且這種歧異在當時看來似乎還相當持久。[30] 有些人曾努力比較英國和法國在國民性格上的差異，以解釋這兩個國家的分歧。柏克在一七九一年寫給法國國民議會一位議員的公開信採取的就是這類文風，他慧點地寫道：

　　社會除非有某種控制意志與欲望的力量存在，否則是無法生存的。社會內部愈是沒有自我控制的力量，就愈需要外部的控制力。精神放縱的人們無法得到自由，這註定是事物運行的永恆真理。人的激情鍛造了他們自己

的枷鎖。

你的大多數同胞們正在自我執行這個判決。[31]

這裡,柏克提出一種「文化種族氣候論」,把法國人天生缺乏自由的緣由,歸諸她的人民熱血沸騰的性格。在《法國大革命反思》一書中,柏克同樣強調了英國人若干奇特的性格:「我們悶悶不樂地抗拒社會的創新」,「我們國民性格中有著冷漠遲緩的特質」,還有「我們非但捨不得捐棄所有古老的偏見,反而珍惜有加。」[32]

在柏克眼中,這些性格特點,尤其是英國人出了名的「冷漠」,是這個國家的文明政治生活的重要成份,而這些特質也是英國人沾沾自喜的性格瑕疵。然而,只要稍微換個感知的角度,就可以看到英國人的那些國民性是債務,或者甚至是為了維持自由社會必須付出的代價。柏克發出上述議論的六十年之後,巴澤特也提出同樣的看法。巴澤特像柏克一樣,比較了英法兩國的政治制度與國民性格,這一次的時機是法國於一八四八至一八五一年間,從二月革命、歷經六月屠殺、到路易‧拿破崙政變的一連串社會「動盪」。巴澤特對於英法兩國差異的比較,與柏克沒有很大的出入。但不同的是,巴澤特提出一個很矛盾的說法,讓英國人看起來沒有柏克所說的那麼吸引人。他說:「我看到一個自由民族最不可或缺的精神特質,乃是愚蠢。」他還模仿柏克的語氣說:「民族就像個人,太聰明可能就不切實際,而不夠愚蠢可能

就得不到自由。」[33]

　　最近有一位評論者俏皮地說，巴澤特一些比較駭人聽聞的言論，例如上面引用的那段話，應該加上星號，註記為「本國人不宜」。[34]其實，更重要的或許是，為了不讓沒有同情心的外國觀察家讀到這些文字，特別需要附註「德國人不宜」。巴澤特之後六十年，時值另外一場社會動盪（第一次世界大戰），卓越的德國社會學家謝勒（此人一向思考敏捷）挑起同樣的辯論。他認為某些與民主政治有關的性格特質——具有柏克所形容的討人喜歡的怪僻、或是巴澤特所說的矛盾的資產——其實是很嚴重而且很根本的缺陷。他於是比較英國和德國，考察哪個國家比較適合民主政治。

　　謝勒在一篇於一九一六年出版的文章中，反駁同盟國宣稱第一次世界大戰是「民主」對「專制」的戰爭。他堅稱這並非事實，因為所有「偉大的民族」都發展出屬於他們自己的民主政治形態。[35]謝勒在對比英國和德國的民主形式時，提出一條「悲劇性的人性規律」。根據這條規律，個體的「精神自由」必然和政治自由處於**對立**的狀態。在德國，這個對立表現於以下兩種特質的並存：一方面是，「個人對於廣闊的精神自由，以及必須在最深邃的私人領域與國家決裂，有著極大的嚮往」；另一方面則是，「個人往往過於主動臣服於國家權威……以致甚至有某種屈從政治奴役的傾向。」在英國，則是另外一種對立：一方面是，「強調政治自由，……一向害怕國家權力的干預，甚至對國家提倡集體目標的卓越

能力也戒慎恐懼」；另一方面是，「偏頗的地域主義，知識上的狹窄，無法欣賞具有高度原創性的個人智能的自由，以及讓我們德國人難以理解的墨守成規的性格。」根據謝勒的說法，這些正負兩面的特質，無可避免地緊密結合在一起。他還進一步說，「只要世界上還存在一個我們稱之為『德國民族』的統一精神性」，那麼在英國和德國各自的制度中，以獨特方式結合起來的正面與負面性格（也可以說是善與惡），就**永遠不會**分離。[36]

　　謝勒此處提出的兩種自由概念無法並存的說法，是很極端的。羅歐雖然也用互斥論的思維來反對引進新的自由權（即選舉權的擴張），但是他和謝勒不一樣。謝勒想像每個國家各自根據她自己的**民族**天分，而選擇特殊的自由與奴役的組合。*底下我會指出，這種怪異的零和遊戲式的概念建構，說明了危害論有一個（很值得懷疑的）根本元素，也就是它的推理過程運用歸謬論法，**而且是比較惡毒的那一種。這種論證本身很明顯地反映了謝勒在戰爭期間的民族主義激情。事實上，戰爭一結束，謝勒馬上嚴辭譴責激昂的內在生命與屈從權威的這種性格組合，乃是有害的「德國**病**」。想想，不過三年前，他還說這種性格組合是「人性規律」，是

---

* 這種思維模式在德國有很著名的傳承。賀德林在他的詩作〈致德國人〉中，將他的同胞刻畫為「思想充沛，行動遲疑」。但這句名言不久之後便證明是不準確的。

** 譯註：指出某一命題結論之荒謬，以證明該命題為誤之方法。

德國型民主政治不可抹殺的特質！[37]

## ▶ 福利國家對自由與民主的威脅

　　十九世紀下半葉，民主改革會危害個人自由的說法在英國發揮得淋漓盡致。前面已經說過，箇中緣由是歐洲幾個大國在「自由」和「平等」（意謂男性投票權的平等）發展上的不均衡。當時只有英國才有個人自由權的明確保障。因此，當強大的政治力要求擴張當時仍然限制重重的選舉權，個人自由權可能遭受選舉權傷害的說法便被提出來。這個故事只有在英國才講得通，而且還得藉助於法國的動盪。

　　現在，我要討論危害論在下個歷史階段的體現。更當代，因此也是我們更熟悉的說法是，福利國家會危害個人自由和民主政治。有趣的是，這種論調第一次轟隆作響也是在英國。海耶克於二次大戰期間在倫敦寫成的名著《到奴役之路》，最早提出這種論點。[38]這個新的危害論再度出現於英國，看似偶然，其實並非如此。一九三〇年代的英國，如同在一八六〇年代，個人自由和民主政治已經相當穩定。因此，自由和民主再一次被描繪成遭到威脅，一方面是因為這兩者還存在於英國，另一方面則因為它們在另一個先進國家，這一次是德國 奧地利，已經滅頂。同樣的，就像一八六〇年代的英國有很強的擴張選舉權的要求，一九三〇年代的大蕭條在英國產生要求國家積極介入經濟活動的強烈呼

聲，這部份也歸功於凱恩斯的說服力。因為海耶克的奧地利背景，使他對自由的不穩定本質知之甚詳，因此在這個節骨眼上，海耶克以其雄辯警告，政府干預「市場」的運作必定會摧毀自由。

《到奴役之路》的第九章標題是〈安全與自由〉，專門處理社會政策的問題。今天的新保守主義者若是重讀該章，想必大驚失色，因為海耶克令人驚訝地竟然在為稍後被稱為福利國家的東西背書。他贊同「供應給所有人最低程度的生活必需品」，也就是「維持健康和工作能力所需的最低限度的溫飽。」而且他還贊成由國家輔助辦理疾病、意外、和自然災害等方面的保險。當然，他也批評某種「會暗中危害自由的社會安全計劃」；同時警告「現在到處所採行的政策，給予這個、那個團體在社會安全方面的特殊權利。這樣的政策是在快速製造爭取社會安全甚於愛好自由的條件。」[39] 但是，當時海耶克在那本充滿火藥味的書中，對社會福利政策的批評其實非常節制。二次大戰期間，英國舉國團結的氣氛濃厚，這反映在公共輿論對於〈貝佛瑞吉報告書〉幾乎一致的擁護。這本號稱福利國家大憲章的報告書，於一九四二年底付梓，差不多比《到奴役之路》早一年出版。或許是這個因素，海耶克不得不對這種團結一致的社會氛圍感同身受；或者他根本不願意冒犯這種氣氛。[40] 事後我們可以看得比較清楚，一旦戰爭期間的氣氛消退，而且在戰後十年間福利國家措施在許多國家明顯擴張，海耶克就採取嚴加批判的立場。

　　儘管《到奴役之路》對於福利國家的批判有所節制，但是這本書提供了福利國家危害自由與民主這種說法的充分論據。這本書原本的目的，是在反對「計劃」經濟，也就是反對他認為的要求國家在各種經濟活動中扮演積極角色的趨勢或壓力。但是，由於本書採取很概括性的措辭，因此當社會福利措施排上了改革的優先議程，這本書還是相當管用。

　　《到奴役之路》的基本論證結構非常簡單：任何擴張政府**活動範圍**的趨勢，都必然會威脅到自由。推理如下：（1）人民通常只能同意極少數幾項共同目標。（2）政府決策必須由共識決定，才能算是民主。（3）唯有國家將其活動限制在人民同意的少數活動項目上，民主政府才可能存在。（4）因此，當國家想要從事額外的重要功能，它會發現唯有透過國家的強制才能做到，而這樣做必然會摧毀自由和民主。「我們為民主制度所付出的代價是，將國家的行動限定在人民同意的範圍內。」早在一九三八年的一篇論文，海耶克就採取了這種論點。他在《到奴役之路》的序言中提及那篇文章是他書中的「核心論證」。[41] 換言之，任何國家傾向「奴役」的程度，乃是政府「活動範圍」的直接而單調遞增的函數。這個簡化的論點，一直是危害論應用到福利國家的主要論證支柱。

　　海耶克下一本主要著作《自由的憲章》，順著同樣的思路，對福利國家展開明確的攻擊。這本書的第三部（從第十七章到第二十四章）標題為〈福利國家的自由〉，都是在做這樣的攻擊。第十七章標題是〈社會主義的衰落與福利國家

的興起〉，海耶克在該章處處表示遺憾，因為當他回顧《到奴役之路》時，發現他以前搞錯了批判的對象。他解釋說，由於各種原因，他在《到奴役之路》中所打擊的目標，亦即「計劃」經濟以及正統馬克思主義傳統下的社會主義，對於戰後的工人和知識份子而言已經失去了吸引力。但是並不是這樣就天下太平，還有其他的威脅值得警惕：這些威脅其實是潛伏的，所以反而更加嚴重；以前的計劃者和社會主義份子，繼續「以符合其社會正義的觀念，在覬覦所得分配，……因此，儘管社會主義作為一個奮鬥的目標，整體而言已經被放棄，但是絕對不能保證，我們不會不經意地又把它給建構起來。」[42]

　　就此而言，福利國家現在是對自由最主要的新威脅。雖然《到奴役之路》當中有幾個嚴謹的段落（例如社會福利那一章開頭的幾頁）被海耶克保留在他的《自由的憲章》，但是他在這本書接著延伸處理，有效地展開對福利國家詳細而全面的批判。凡涉及社會安全，海耶克就予以譴責，因為目前的社會安全政策在各國實施的實際狀況和認定目標，都是著眼於所得重分配。於是他的主要論題，一再以危害論的形式重複地鋪陳：「當政府擁有某些提供社會服務的獨佔權，自由就受到嚴重的威脅，因為政府必須以自由裁量的方式運用權力來強制個人，以達成社會目標。」[43]

　　然而，海耶克在一九六○年代提出福利國家威脅自由和民主的說法，當時並不特別具有說服力。戰後二十年間，

西方世界的公共輿論基本上相信，戰後許多國家的社會福利
立法的擴張，不僅對經濟發展與緩和景氣循環有重大貢獻，
也對社會的安定和民主的強化有很大助益。馬歇爾在一九四
九年針對《公民權與社會階級》的系列演講中，將福利國家
奉為西方社會的最高成就。福利國家提供一套社會與經濟權
利給有需要的人，因此和個人自由與民主參與形成互補的作
用。這樣的共識，提特牧思有很清楚的描述：

> 自從一九四八年以來的政府，不管是保守黨政府還
> 是工黨政府，都忙著把各種社會服務辦得更有效率，
> 這裡弄些擴張，那裡搞點調整。這兩個政黨，不論是
> 否執政，都宣稱維持「福利國家」的運作，是信守對人
> 民的承諾。[44]

　　在其他大部份先進工業化國家，情形也很類似。戰後福
利國家長期沐浴在蜜月期，廣受支持的景況，和十九世紀選
舉權擴張時普遍遭遇的敵意（第三章已經提到），有很強烈
的對比。當然還是有像海耶克這樣的反對聲音，但是和上個
時期比較起來，福利國家所獲得的共識是很顯著的。主流的
觀點是：民主政治以及確保經濟穩定和成長的凱恩斯式總體
經濟管理，不但和福利國家是相容的，而且幾乎是天衣無縫
地契合。

　　在六〇年代末、七〇年代初，這一切因為學生反抗、越

戰、石油危機、停滯性通膨等事件而發生激烈的變化。結果，一大堆危害論很快就又整裝上路。

這些新的論調，一開始並不是主張福利國家會危害自由或民主，而是說福利國家不利於經濟成長。正如同十九世紀下半葉羅歐與其他反對選舉權改革的人所警告的，選舉權的擴張會破壞技術進步與自由貿易（這些是剛過往的那個時代最傲人的成就），現在的論調則是，福利國家會危害戰後耀眼的經濟成就，包括經濟的動態成長、低失業率、以及景氣循環的「趨緩」。

最早的警訊，發自向來關注資本主義「矛盾」跡象的左派陣營。直到當時，主流的凱恩斯思想認為，經濟成長與穩定和福利國家的財政支出是相輔相成的。其運作機制是：經濟成長使得擴大「轉移給付」成為可能，而轉移給付在經濟衰退時，則成為持續消費需求的「內建穩定因子」。

這個特別的和諧論，在一九七〇年代初，歐卡諾於〈國家的財政危機〉一文中予以含蓄地批評。這篇論文後來擴充成一本同名的專書。[45] 當別人眼中看到福利國家的和諧之際，歐卡諾卻提出一個驚人的觀點：現代資本主義國家必須履行「兩個基本的、但卻經常互相矛盾的功能」。第一，國家必須確保持續的淨投資額，也就是資本形成，或是馬克思主義所謂的資本積累的順利運行——此即國家的「積累功能」。第二，國家必須提供人民適當水準的消費、健康、與教育，以維持其自身的正當性——此即國家的「正當性功能」。[46]

　　為什麼這兩個功能會互相矛盾而產生「危機」？對比於海耶克簡潔的演繹推論──國家活動範圍的增加會導致自由的毀滅──歐卡諾從來沒有告訴我們這兩者如何發生矛盾。即使當時他在能力範圍整理了赤字預算、通貨膨脹、抗稅等趨勢的數據，並且指出這些趨勢乃是他所謂的「戰爭福利國家」的擴張後果，他仍然沒有提出兩者之間的運作機制。戰爭福利國家這個名詞，當然是左派為了批評福利國家而想出來的。然而，歐卡諾的攻擊在許多方面都和來自政治光譜另一端的批判很相像，例如他指出：「從行政連貫性、財政穩定、以及潛在有利潤的私人資本積累等觀點來看，社會資本和社會開銷（包括健康、教育、福利）的積聚是非常不理性的過程。」[47] 這句話大概最能解釋他認為的福利國家的矛盾所在。

　　在瀰漫不滿氣氛的七〇年代，「到當時為止尚未診斷出來的資本主義矛盾，在美國被發現」的說法，不管論據多麼薄弱，消息很快就傳開了。再一次，左翼陣營的哈伯馬斯，在他很有影響力的《晚期資本主義的正當性難題》一書中大量援用上述觀點。這本書在美國出版的書名《正當性危機》，更加聳動而帶有不祥之兆。[48] 但是，保守派這邊很快就明白歐卡諾的論點和他們的觀點的親密性。保守派把他的論點做了局部修改，不提社會福利支出會破壞**資本主義**的說法，而是倡言福利支出會導致通貨膨脹和其他社會不安的結果，因此會嚴重威脅到**民主治理**。

　　經過這樣的包裝，危害論又可以鮮活地拿來對抗福利國家。一九七〇年代中期許多西方國家面臨的統治難題，讓危害論言之成理；而當十五年前海耶克提出他的論點時，並沒有這樣的社會條件。幾個西方主要國家面臨政治動盪或病徵加劇，其實原因各不相同。在美國是水門事件，在英國是保守黨政府和工黨政府同時積弱不振，在西德是恐怖主義氣燄高漲，在法國則來自戴高樂下台之後的不確定感。然而，一群政治分析家忙著提出「民主國家的治理危機」或「民主國家難以治理」的概括性論調，宛若這些國家都感染同樣的流行病。也有許多人以「政府超載」這個詞來影射初期診斷出來的「危機」，而籠統地譴責政府的各種施政。

　　由於到處充斥憂慮的聲音，這個問題就被「三邊委員會」選為研究的課題。這個委員會成立於一九七三年，由西歐、日本、北美三個地區一些卓越的公民組成，任務是討論共同面臨的問題。提交給三邊委員會的報告，由三位卓越的社會科學家起草，之後在一九七五年出版，標題很聳動：《民主的危機》。[49] 杭廷頓寫的美國那一章廣被閱讀而且很有影響力。他提出一個新的論點，認為近來福利支出的擴張，必須為所謂的美國民主的治理危機負責。

　　杭廷頓論文的推理相當直接，雖然並非全無雕飾。文章開頭論及一九六〇年代的事件，乍看之下是在慶幸美國民主政治的「活力」，這種活力表現在對少數民族、女性、與窮人「提供平等理念的重新承諾」。但是，表面上的熱絡言辭

一會兒就冷了下來。杭廷頓毫無保留地指出「洶湧民主浪潮」
的代價：「**一九六〇年代美國民主的活力，可觀地增加了政
府的活動，也可觀地減損了政府的權威。**」[50] 而政府權威的
低落乃是「治理危機」的根本原因。

那麼，到底什麼是政府活動增加（或「超載」）的本質，
而導致如此恐怖的後果？在他論文的第二部份，杭廷頓指出
一九六〇年代健康、教育、社會福利等各方面支出的絕對增
加和相對增加，想從這個方向去解答問題。他把這些支出擴
張稱之為「福利轉向」，對照於一九五〇年代韓戰之後，相
對節制的「國防轉向」。這裡，他特別提出歐卡諾的新馬克
思主義命題。歐卡諾認為福利支出擴張是「危機」的一大根
源。杭廷頓大量借用歐卡諾的理論，不過批評後者錯誤地詮
釋了這個危機乃是資本主義的危機，也就是經濟性質的危
機；他認為危機的本質是政治性的。[51]

杭廷頓論文的其餘部份，生動地描述在一九六〇年代
末、一九七〇年代初，政府的權威如何受到侵蝕。奇怪的是，
作者在結論的地方，並沒有回到他在前文指出的「民主危機」
的始作俑者——福利擴張的問題——而只是呼籲美國公民，
為了救治民主的病症，應該多些節制、少點「教條激情」。
話雖如此，任何留心的讀者不難得到一個整體印象：假如美
國的民主政治要重新獲得活力和權威，就得做些事情來處理
福利擴張的問題。

杭廷頓並沒有提到海耶克，[52] 即使他和海耶克同樣抱持

這樣一個基本觀點：國家大量介入社會福利的領域，會危害自由和民主。但是，兩個人對於威脅的歸因卻很不一樣。

對海耶克而言，國家若是堅持從事新的政策而必須做出強制行為，則民主的共識就不再可能達成。海耶克最初形塑這一副圖像的用意，在於證明他所說的，集體主義的計劃經濟不是窒礙難行，就是會導致極權主義，甚至同時造成這兩個後果。事實上，許多西方國家在戰後以及六〇與七〇年代，之所以能順利採行新的社會福利政策，就是因為有全國性的共識存在。但是，海耶克卻認為這種共識，註定是不可能的。杭廷頓則完全認識到這個「洶湧的民主浪潮」是有現實基礎的，但是他卻接著宣稱，政府權威的失落和民主政治的危機，是這個民主浪潮非意圖的、料想不到的、但卻無法避免的結果。

杭廷頓曾經使用危害論分析低所得國家的政治情勢，現在不過是把這個曾令他得心應手的論調，應用到美國社會。他在一些使其獲得創新政治學家之名的著作中曾經說，低所得國家的經濟發展非但無法貢獻「政治發展」，亦即民主與人權的進步，反而會給制度化嚴重不足的現存政治結構，帶來不斷的要求與壓力，最後的結局就是「政治衰敗」和「軍事接管」。[53]

六〇與七〇年代許多拉丁美洲和非洲國家歷經政治危機和社會動盪，部份證實了杭廷頓的論點，或許因此讓他敢將這個論點應用到「北方國家」，特別是美國。做這樣的論證，

他需要的證據是：讓國家擔負新的任務會付出可怕的代價，亦即傷害自由和民主。但事實證據相當薄弱。在七〇年代中期，美國和其他西方民主國家曾被預言，「超載」會導致政府「難以治理」並且不堪負荷——即使政府沒有被壓垮。但是，這些國家仍然依照各自原來的路線運行，沒有發生什麼重大意外事件，也沒崩潰。於是，「治理危機」這個公共話題，來得快去得也快，如今已消失無蹤。

然而，圍繞著福利國家問題的討論並沒有緩和下來。剛好相反，更加激烈的攻擊很快就上場，但現在採取的是直接的攻擊，沿用悖謬論和無效論的思路，把社會福利政策說成是反生產和剛愎頑固。

## ▶ 對危害論的反省

### ● 危害論，以及與之關連的迷思

〈這個會扼殺那個〉是雨果的小說《鐘樓怪人》中有名的一章。雨果解釋，「這個」代表印刷與書籍，隨著活字版的發明，會取代「那個」，亦即作為西方文明主要展現形式的大教堂和其他紀念性建築物。最近，麥克魯漢也對書籍的沒落，做了一個類似的宣告：「線性的」印刷與書籍製作註定遭到廢棄，取而代之的是「電子迴路」，尤其是電視。

我們可以搜羅更多類似的事物興衰的預言，但是我將直接做出兩個一般性的觀察：

第一、這些預言除了預測錯誤的時候之外，都能證明自
　　　己絕對正確。
第二、由於預言被提出的頻率遠超過預言「在真實世界」
　　　發生的頻率，因此必然存在著某種知識上的吸引
　　　力，使得人們樂於提出預言。

　　無疑地，對於提出預言的人而言，這種吸引力一部份來
自於沃荷所謂的當十五分鐘名人的快感。例如，當一種新的
材料（比方說尼龍）開始侵蝕另一種舊材料（絲）的市場之
際，我們大可宣佈說這個市場競爭的過程將導致絲的市場完
全死亡，做這樣的預測不僅毫不費力，而且也更引人注目；
卻不是去探討這兩種產品最終是否有一些方式可以共存，並
且各自佔領明確的市場利基。
　　但是，採取一個更廣泛的角度來看，人們經常訴諸「這
個會扼殺那個」的陳述方式，或許可以理解為一種根深柢固
的「零和心態」。在零和賽局中，贏家獲得的數目等於輸家
的損失。這種賽局在整個賽局世界中當然佔有最優勢的地
位，因此對我們的策略想像有很強烈的影響。若干年前，人
類學家弗斯特提出一個更具有文化涵意的名詞，「利益有限
觀」（the Image of Limited Good），來形容這種心態。他在墨西
哥的印第安農村社區研究中，發覺那裡存在一種普遍的信
仰，認為一個人或一個團體在某方面幸運獲得好處，就一定
會蒙受另一方面的損失而平衡過來。[54]

　　當我們把事情看得更透澈，常會發現「這個會扼殺那個」的說法，其實是意謂一種**負面的**結局，而非零和的狀況。我們雖然有輸有贏，但是我們輸掉的東西，比贏到的更加珍貴。這就是走一步退兩步的情形：乍看之下我們獲得進步，但這不但是幻覺，而且根本是退步。這些情況很類似「驕傲導致報應論」：人因為獲得被神禁止接觸的知識、或者因為權勢財富和成就過於顯赫，而遭到希臘眾神的懲罰；結局是落入比原先更糟糕的處境（即便不是死亡）。

　　危害論從連結各種神話與刻板觀念中得到相當大的論證助力。新的進展會危害舊事物，這種論點總讓人覺得言之成理。同樣地，一種自古以來存在的自由一定比某種「新奇的」自由來得更有價值或者更根本的這種觀念，也很容易被接受。這兩種想法合在一起，就會對任何改變現狀的提議，構成一個強而有力的反對意見。危害論很容易自然而然地與那些根深柢固的認知圖像結合在一起；或許因為對這種推理方式的依賴，使得危害論者一直很滿意這種相當薄弱的論證。在著手探查危害論所引用的重要知識脈絡時，我曾信心滿滿地預期會遇到比我在這本書中處理的各種「反動」論述更加細密複雜的論點。這樣的期待如今落空了。跟我設想的有著豐富的歷史辯證相反，這些危害論的供應者，從羅歐到杭廷頓，只是滿足於簡單地重複「這個會扼殺那個」的思考模式。以杭廷頓為例，他在「福利轉向」和美國政府與日俱增的「治理難題」之間所建立的基本的關連，不過是把這兩個歷史事

件作好時間順序的適當安排,將「福利轉向」安排在七〇年代中期美國的民主政治爆發「治理難題」之前。事後證明,這次的爆發為時甚短。彷彿只要安排好事件興衰的時間序列,就可以證明事件之間存在著令人信服的因果關係:這樣的安排可以馬上跳到結論,推斷兩個事件有緊密的關連。

## ● 危害論對相輔相成論

我們有很多方法在兩個連續的社會變遷或社會改革之間建立關連,而危害論只是其中之一。我們很容易想像出與危害論相反的思路:一個已經確立的改革或制度A,會被另外一個規劃中的改革或制度B**強化**,而不像危害論所宣稱的,A會被B弱化;為了給A活力和意義,而需要執行B;A需要由B來互補。這種**互補、和諧、協力**、或者**相輔相成**的觀點,很可能早於危害論之前就被提出來;因為早在B即將實現或已經實現而引發反動論述之前,最初提倡B改革的進步份子,應該會先提出互補論的說法。由於這兩種相反論證之間存在著時間上的間隔,使我們相信兩者從來沒有打過照面。

社會福利政策的辯論或許是一個適切的例子。最初提出福利政策而且被採行之際,一個有利的說法是:社會福利政策是必要的,因為這些政策可以同時把資本主義從過度發展的後果——例如失業、大量移民、社區解組、以及大家庭解組——之中拯救出來,並且可以確保新近實施的選舉權不會被為數龐大的未受教育、不健康、貧窮的選民濫用。這些早

期支持福利政策的論點，看起來很合理而且很有力，不過大
體上被後來主張福利國家會跟資本主義、自由、或民主穩定
性發生衝突的論者所忽略。

但是，我們很難相信，福利國家的批評者在主張危害論
而且還提出**歷史的論據**時，竟然會對早期的和諧論或相輔相
成論毫無所悉。假如他們的論點是正確的，則無論如何需要
證明這件事：早期的分析者根本搞錯了；社會福利政策並不
會護衛資本主義、也不能支撐民主，而實際上是在挖它們的
牆角。把這種思考稍作推廣：**為了防止我們恐懼的事件而採
取的行動，恰恰促成了該事件的實現**。保守派的思想家在披
露這樣的事件發展順序時，內心一定會欣喜不已。這樣的思
考，是在危害論的命題上面，又加上了悖謬論的邏輯，也就
是某個行動導致一個與原先目的完全相反的結果。其實，這
樣的事件序列，是在描繪人的「目的性」行為和規劃之極端
無能的那一面。這很像伊底帕斯的神話故事。伊底帕斯的父
王為了避免神的預言*實現，而下令殺害伊底帕斯。這個預
防性的動作，正好在實現預言的一連串事件發展過程中，發
揮了關鍵的作用。梅斯特對於這種事件的序列知之甚詳，而
且也樂在其中，因此才在他有名的悖謬論公式中，把這種事
件序列當作神意的一種很特別的「虛矯之情」（參見本書第
二章）。

---

* 譯註：指伊底帕斯長大後將弒父娶母。

　　某些危害論者受到這種神話的加持，就更加肯定他們
自己的信仰。他們在思索相輔相成論的時候，只看到人類可
能犯錯的驚人程度；雖然，人類犯錯這件事也令他們感到欣
慰。但是，其他人可能看到的是，把這兩個相反的命題合在
一起，可以界定出很多豐富的、更符合實際歷史情境的**中間
可能性**。一旦我們將危害論和相輔相成論視為兩個格局有限
的、而且同樣不符合現實的狀況，則我們的確可以看到新舊
改革之間存在著各式各樣互動的組合。[55]

　　顯而易見的是，相輔相成論和危害論的支持者可能都是
正確的，但是各自對了一半：一個新的改革會在一段時間內
強化舊的改革，但是當新的改革執行到某個時間點之後，就
會跟舊的改革產生衝突。或者，次序正好相反：為了爭取新
改革的奮戰，造成很高程度的緊張和動盪，因而危害到先前
進步改革所落實的制度；但是，最後新舊改革都穩定下來，
而且在這個過程中相互產生助力。這樣的圖像——即危害論
與和諧論輪番掌控局面——其實仍然過於粗糙簡化。更加複
雜的情況不僅是可能的，而且更符合事實。例如，任何新的
改革方案或「進步」的動作都可能包含了許多不同的面向、
行動、和效果，其中有些面向可能會強化既有的改革或制
度，另外的面向則會產生相反的目的，甚至還有其他面向既
不幫助、也不傷害舊有的改革成果。再者，新的改革究竟是
否會對舊的改革，產生什麼樣的（以及多大的程度的）正面、
負面、或者中性作用，需要觀察具體的環境因素而定；不是

從改革本身的內在質素就可以得到答案。

　　因為「真實世界」是如此複雜，所以著重討論過去的和規劃中未來的進步方案的互動時，只侷限在兩個有限的情況，並不太令人驚訝。但是，當我們留意危害論警訊的同時，若要避免在相輔相成論的幻覺中徒勞無功，就需要在新舊改革之間發現合理可行的組合，這本質上是一件實用的歷史創新的工作。

### ● 危害論對套牢論

　　危害論和一些類似的思維模式，例如「興起與衰敗」、「零和賽局」、「這個會扼殺那個」等等，有很緊密的關連。儘管如此，危害論適用的範圍仍然比悖謬論和無效論來得狹窄。因為危害論需要以一個很特定的歷史環境和歷史意識作為論證的背景：當一個社群或國家鼓吹或執行某個「進步」改革方案之際，人們對於可能遭到新改革侵害的珍貴的**先前**改革、制度、或成就，一定存在栩栩如生的記憶。雖然這不必然是一個嚴格的限定條件，但是一些國家對於他們自己的政治與社會經歷過一系列循序漸進的進步階段，可能比其他國家有更強的自覺意識。宛如為了這種自豪必須付出代價：他們成為上演危害論戲碼的基本舞台。

　　這個問題和曾經備受討論的「政治發展」的一個主題有關。許多作者指出，在西歐，國族建構的「任務」或「要件」——達成領土統合、確保統治領域之內的權威、動員並且

管控大眾參與等等——是在過去幾個世紀之間，一步一步完成的；但是，第三世界的「新興國家」卻同時面對所有的任務。[56] 類似的，馬歇爾的公民權故事——從民權、到大眾透過普選權而參與政治、到社會經濟權的進展——在英國的發展也比其他歐洲大國來得從容不迫、「秩序井然」；更不用提世界其他地區。當然，這是為什麼危害論主要在英國和美國才被提出來。在美國，若把奴隸制度除外，則個人自由權和民主制度的鞏固和現代社會福利政策的發展，確實是循著一個井然有序的路徑。

在所謂的政治發展的辯論中，區分出少數幾個國家（能夠利用長時間一個一個解決問題）跟其他沒這麼幸運的國家（面臨時間高度壓縮的困境）的差異，有一個明顯的目的：證明後進國家面臨一個令人膽怯的任務，使我們對二十世紀國族建構的特殊困境感同身受。讓我們暫時接受這個論點。我們發現，後進國家至少享有一個**優勢**：當這些國家實施社會福利制度的時候，就不可能有人假借維護民主或個人自由傳統的名義，來提出反對的聲音，因為這樣的傳統幾乎是不存在的。換言之，危害論的論述在這些國家是行不通的。

這種「修辭上的」優勢，對於後進國的福利國家鼓吹者而言，會使他們的日子過得輕鬆一些，也可讓他們聊表慰藉，尤其是相對於所謂後進國必須克服的「現實上的」劣勢，亦即，需要同時解決國家建構的許多難題。然而，當我們深入探討這種後進國劣勢論的基本陳述之後，所謂的劣勢看起

來就沒那麼可怕了。

　　首先，先進國家永遠享有循序漸進解決問題的優勢，而後進國家都被擠壓在幾乎同時解決所有問題的這種說法，根本就不是真的。以工業化的階段性為例，前述的關係剛好相反。這一點尚未有足夠的關注，或許是因為經濟學家和政治學家之間缺乏溝通的緣故。對於工業化的後進國而言，由於資本財和中間財都可以從國外得到，因此他們可以順著後向連結的動力，不慌不忙地從最後階段的生產，向著比較前期的生產階段前進，一直到資本財的生產（假如他們能夠走得那麼遠的話）。而那些工業化的先驅國家，卻需要同時生產所有必需的生產物資，包括資本財，必要的話這些資本財還得以手工生產。然而，在這個情況中，工業先進國被迫同時從事所有階段的生產活動，從動態的工業化觀點來看，是被看成一個**優勢**；反觀後進工業國的處境，他們必須分階段地推動工業化的這個特質，則被視為一個缺陷，因為他們有被**套牢**在生產消費財階段的**風險**。這一類的風險是真實存在的，如同我在其他地方提過的：「迄今利用進口物資從事生產的企業家，通常會對在國內設立生產此種物資的工業，抱持敵對的態度。」廣而言之，「雖然工業化開頭的前幾個步驟不難達成，它們卻可以使得接下去的步驟變得寸步難行。」[57]

　　比較過工業化的動態和政治發展的動態之後，我們似乎會得到一個令人不安的通則：不管先進國家面對的任務，是可以循序漸進解決、或者必須同步處理，他們這一邊總是佔

盡便宜。但這其實一點也不奇怪——正是許多環環相扣的原因，讓這些國家**之所以是**先進國家。

話雖如此，這個論述還是有許多用處。首先，它引出一個正式的觀點：在發展過程中，強調套牢在第一個階段或早期階段、或者永遠到不了下個階段的危險，乃是危害論（亦即，堅持新的行動會破壞早先成就的風險）的鏡像。不管是套牢論或危害論，各自擔憂相反的問題，但都是根據兩個連續階段的發展會衝突或互斥的思維在進行。不過，兩者有一差異之處。那些憂慮套牢風險的論者，將第二階段的發展視為高度可欲的，甚至是追求的終極目標；而那些召喚危害論的人，真正喜歡的是早期階段的成果。

比較這兩者的動態還可以讓我們提出一個更實質的結論。從容不迫地、序列式地解決問題，並不總是有福氣的事，這在政治發展的文獻中已經辯論過了。*序列式解決問題的方式，同時會帶來套牢的風險，而這種風險可能不僅適用於消費財到機械與中間財的生產序列，而且還以另外一種形式，適用於複雜的馬歇爾的公民權進程（亦即，從個人自由權、到普選權、到福利國家）。我們並不一定需要相信危害論的說辭（比方說，福利國家政策絕對和個人自由權不相容）才能夠認識到，一個已經確保了個人自由權的社會，可能在隨後建立全面性的社會福利政策的階段，遭遇到特別的困難。在前一個階段符合社會發展的這些價值——個體性作為最高價值的信仰、對於個人成就與個人責任的堅持——很

可能在下一個階段，當社會需要強調一種社群主義式的、團結一致的精神倫理之時，變成很尷尬的東西。

　　或許這就是為什麼社會福利政策，會在俾斯麥時代的德國率先實施的根本原因，因為德國很獨特，她未曾背負強烈自由主義傳統的重擔。類似地，最近在歐陸西部國家展開的對西方福利國家的言辭攻擊，其力道與持續程度也不及於在英美兩國。這並不是說，在**自由主義傳統強烈**的國家，就不可能確立一套完善的社會福利政策。但是，這裡一個觀點是，要在這些國家實施社會福利制度，需要很特別的環境因素的配合，例如，經濟蕭條或戰爭所產生的壓力，以及社會、政治、意識形態工程的高超技藝等等。再者，一旦實施社會福利措施，反對者一有機會就會展開攻擊。自由主義傳統和這個新的強調社會團結的精神倫理之間的緊張關係，將會持續一段時間無法解決。因而，危害論也會相當規律地反覆出現，並且不乏入神的聽眾。

---

\* 關於經濟發展的問題，我曾經在《經濟發展策略》( *The Strategy of Economic Development*, New Haven: Yale University Press, 1958, 中文版：徐育珠譯，臺北：臺灣銀行，一九七四)那本書中強調過序列式解決問題(「非均衡成長」)的可行性和優點。這裡我關心的反倒是，當序列式解決問題的方案存在的狀況下，可能會導致套牢的危險。這兩種不同立場之間的關係，我曾在〈反對「一次解決一件事情」〉( "The Case Against 'One Thing at a Time,'" *World Development* 18 [August 1990]: 1119–22)那篇文章中探討過了。

# 5 三種命題的比較與綜合
## The Three Theses Compared and Combined

　　我的主要工作已經完成。我說明了兩百年來三種主要的「革命」、「進步」、或「改革」行動，如何不斷遭遇到三個截然不同類型的批判，即悖謬論、無效論、危害論，以及這些論述的各種變形論點。用一個大綱式的表格來呈現，會幫助我們理解這些論點。

### ▶ 一張提綱挈領的表格

　　底下的表格安排方式，基本上按照前面章節的討論順序，但是我把危害論提到悖謬論和無效論之前。在這張表格上面，從左到右、從上到下，都是照時間順序排列。水平軸的排列沒有什麼疑問。就像我在前文討論的一樣，是按照馬歇爾所區分的公民權在英國的三個階段的擴張：從民權、政治權、到社會經濟權。但是，在垂直軸上面，究竟如何安排才能符合適當的時間順序，要看三種反動論述出現的時間。首先，我們有理由相信危害論一般都是在悖謬論之前就被

### 三個歷史時代中三種「反動」論述的代表性論述者

| 論述 | 時代階段 | | | | |
|---|---|---|---|---|---|
| | 法國大革命 | 個人自由權的興起 | 普遍選舉權 | 民主政治的興起 | 福利國家的興起 |
| 危害論 | （從缺） | | 卡寧<br>羅歐<br>梅恩爵士<br>福斯德爾<br>謝勒 | | 海耶克<br>杭廷頓 |
| 悖謬論 | 柏克<br>梅斯特<br>慕勒 | | 雷朋<br>史賓賽 | | （舊）濟貧法的反對者<br>新濟貧法的鼓吹者<br>佛瑞斯特<br>葛雷熱<br>梅瑞 |
| 無效論 | 托克維爾 | | 莫斯卡<br>巴列圖<br>詹姆士·史第芬 | | 史蒂格勒<br>菲爾斯坦<br>塔勒克 |

提出來的。當一個新的政策被提議、或是被官方採納之後，危害論的說法就可馬上出籠。然而，悖謬論正常來說需要在新政策令人不快的經驗已經累積到一定的程度之後才可能出現。至於無效論則可能需要更長時間的醞釀，才會出現。如同本書第三章指出的，我們需要跟歷史事件保持一段距離，才可能確認一場巨大的社會運動是否真的白忙一場。因此，針對任何一個改革運動所提出的不同論爭的出現時機，最「符合邏輯的」、或是最可能的順序，應該就是從危害論、到悖謬論、到無效論。當然，各種環境因素會使這樣的分析模

式產生誤差。我們很快會處理這個問題。

這張表複述一遍我們怎麼解釋那些主要「反動」發言人的位置，以及如何將他們納入本書的知識圖像。宣稱表格已經窮盡所有可能，無疑太輕率。我也可能在這裡忽略一個重要人物或在那裡忽略一個重要論點，只因無法納入我的架構。\*但是，在這個階段，我對於自己所達成的勉強可算廣泛的涵蓋面，比本書一開始曾經半開玩笑地宣佈，我把自己限定在這三種論證，純粹是為了和我討論的三個歷史階段保持對稱關係，感覺相當有信心；當時，我可沒有現在的把握。

悖謬論、無效論、和危害論這三個範疇，實際上，所能涵蓋的分析範圍比表面上看到的要大很多。當一個公共政策或「改革」實施之後遇到難題、或是被某些批評者認定為失敗，這種負面的評價其實只能歸諸兩個主要的原因：

第一、改革被認為沒有達成其使命——悖謬論和無效論是對這一類事件的兩種典型說法。

第二、改革有代價，而且其代價超過改革的利益——危害論可以涵蓋這一類狀況的很大範圍，本書第四章的開頭就

---

\* 這個分析圖像並非「預先構想的」（preconceived）。當然，「預先構想的」這個形容詞通常（而且通常是很正確地）和「圖像」（scheme）這個字合起來使用。事實上，我是在柏克、梅斯特、雷朋、莫斯卡、海耶克、梅瑞、以及其他人的著作中沉浸了一年有餘，才提出這三種反動修辭的命題。當然，一旦我專注於這個三分法，進一步的閱讀就主要是在確認這個分析圖像。分析圖像由於有這個功用，通常就會讓作者看不到其他可能存在的洞察。

提到了這一點。

　　換言之，僅僅使用三種命題就可以說明絕大部份（我所分析的）反動修辭的攻勢。

　　這張分析表可以佐證上述事實。我把反動修辭的凌亂世界整理得井然有序，並且說明修辭如何在不同的時代自我複製。這張表算是對我努力的最終回報。我承認在思索這張分析表的時候，感覺心滿意足。我很高興這張表還有另外的功用：它可以刺激、並且促成我們考察（前面已經討論過的）不同觀點之間的一些互動作用與相互關係。這些不同的觀點迄今大體上仍然互相孤立。

　　下文的主要工作就是探索這些互動作用。到目前為止，我們解說這張表的方式是從水平的方向，依照三個階段的時間順序，來分析每個反動命題的種類、演變、及其性質。這個表也可以從垂直方向來閱讀。根據各個不同的批判命題，來分析每一個進步運動或歷史發展階段，也是頗吸引人的。當我們做完這件工作之後，就會出現一系列簡單的問題：在每一個歷史階段，哪一個論點最具有份量？總體而言不分階段，哪一個論點最具有份量？不同論點之間，彼此抵觸的程度如何？或者彼此加強的程度如何？有別於「邏輯上」的順序，各個論點出現在歷史舞台的真正的時間序列如何？這些問題我們在前面的章節曾經提出過，這裡則嘗試做比較系統性的、但相當簡要的處理。

## ▶ 比較三種反動命題的影響力

我們先比較這些命題各自擁有的份量和影響力。我們只能根據很主觀的評價來作答；而我的解答其實已經隱含在我前面的討論之中。我想以最近的歷史階段，亦即對福利國家政策（曾經被稱為窮人的公共救濟）的攻擊，作為討論的起點。其中最有影響力的論點是，「幫助窮人只會使他們變得更窮」的悖謬論式指控。有趣的是，這種思路既是最古老的、也是最新的，包括從曼德維爾和狄福以降的論者，一直到最近梅瑞的暢銷著作。無效論對於福利政策的攻擊，則扮演一個有價值的輔助角色，但也僅止於補充的作用。無效論宣稱，表面上用來濟貧的經費，有很大一部份落入了中產階級的荷包。

令人驚訝的是，對於福利國家最不具威力的批評或許是危害論的觀點。危害論宣稱福利國家的政策會危害個人自由權和民主社會的正常運作。在民主政治已經相當鞏固的西方國家，這個論點沒有什麼可信度——除了少數像七〇年代那樣的插曲，當時幾個大國的民主制度似乎同時走向危機之路。

在其他兩個歷史階段，悖謬論是否也佔有同樣顯著的地位？在法國大革命以及人權宣言發佈的年代，情形確實如此。主要是因為法國大革命有著巨大的能量，因此企圖用激烈手段改造社會勢必招致反彈的這種想法，從此就成為根深柢固的集體無意識。多年以後，托克維爾以更細緻的方式反

駁法國大革命所擁有的崇高地位與聲望。托克維爾闡明,法
國大革命造成的改變跟它自己所宣稱的(以及一般人所相信
的)程度相差甚遠;他同時提出一個相應的主張:一些重要
的社會與政治變革在舊王朝時代早已啟動。他提出一個「反
事實的」(counterfactual)問題:法國如果**沒有**大革命,是否仍
然會成為一個現代國家?單單這個提問就讓當代的社會與經
濟史家神往不已。然而,他的著作一直到最近才得到應有的
重視;甚至到今天,關於大革命的討論,主要還是以令人厭
煩的善惡分明的傳統方式陳述,很少留意到托克維爾提出的
問題。

　　最後,危害論的觀點在法國大革命時代尚未成熟。原因
很簡單:革命事件如浪潮般襲來,將先前存在的社會結構掃
除一空,使得人們根本沒有時間思索舊體制是否有任何值得
保存的東西。

　　剩下需要被討論的歷史階段和前述兩個階段有根本的差
異。在十九世紀邁向普選權和民主政治的時代,三種論述的
影響力差異很大。有很長一段時間,討論的重點轉向所謂的
自由與民主互斥論,以及恐懼新施行的政治權利會傷害舊有
的成就,例如英國在兩次改革法案(一八三二年與一八六七
年)之間的辯論。從更廣的角度來看,對於「多數專制」的
關切不論是真實的還是想像出來的,都使得危害論充滿活
力;即使普選權已經獲得決定性勝利之後亦然。但是在另一
方面,悖謬論並沒有在攻擊民主政治的戰爭上佔有特別顯著

的地位。雷朋關於民主政治轉向官僚專制的論點，殺傷力遠小於莫斯卡和巴列圖將民主說成是騙局以及金權政治與新菁英統治的煙幕。換言之，無效論在這個論爭中確實扮演了主要的角色，因而和危害論的重要性並列。無效論在一些國家，主要是義大利和德國、還有法國，削弱了支持民主的力量。在這些國家，個人自由權在普選權出現的時候都尚未確立，因此危害論的說辭就不特別適用、或根本沒有說服力。

總之，每一種論證各有特別適用的領域。想要進一步根據它們各自在歷史上的重要性而予以排名，不是很有意義。假如我們硬要排名，則悖謬論可能在反動修辭年鑑中最受歡迎和最有效武器項目「奪冠」。

以上我們比較了三種修辭的政治影響力。假使根據的是它們在知識上的優缺點、銳利性、或成熟度，則排名可能就很不相同。在前文中，我偶爾也會做這樣的比較，譬如我曾經說無效論對改革的批評比悖謬論更加侮辱人。但是，緊緊抓住形式上的美感、智力、或惡意而從事論爭，我並不覺得有什麼意義。

## ▶ 幾種簡單的互動狀態

我們可以藉助上面的簡表探討另外一個議題：不同論述之間並存的程度為何。主要的觀察應該還是放在縱向的直欄，而不是表上的橫排。使用三種論述的其中一個來反對某

種改革（例如福利國家）的時候，如果同時（或先前已經）使用另外任何一種論述，則論證強度會強化、削弱、或根本不受影響？但是，先讓我簡短地從橫排來檢討一個問題：某個論述如果在前一個政策發展階段已經被使用過了，那麼這個論述被強化或削弱的程度有多大？前面三章應該已經提供了明顯的答案。這三章沿著表格的橫向順序寫作，每一章的故事都是依照每一個論述的連續發展來鋪陳。

一個已知的論述在下個階段的影響力有多大，端賴這個論述在前一階段使用之後獲得多少名聲。例如，在第二章已經展示，法國大革命一發生，悖謬論就誕生了、並且經過大幅度的精緻化。從那些令人瞠目結舌、排山倒海的事件中所提煉出來的悖謬作用，賦予悖謬論的修辭形式相當大的權威；於是，這種修辭往後被大量援用，包括從選舉權的擴張（雷朋）、興建廉價住宅（佛瑞斯特）、到強制使用安全帶的議題（裴茲曼）。不過在這些情形下，悖謬論的適用程度比在法國大革命差很多，主要是政策制定的環境迥異。

這個經驗可以例證兩句矛盾的諺語。剛開始，悖謬論被用來解釋很大範圍的政策制定經驗。這時的悖謬論宛若「一事如意，事事順利」。結果當它被機械式地浮濫套用，對現實的解釋力就愈來愈差。這時的悖謬論似乎就變成「一事不如意，事事不順利」。

悖謬論從一個很鮮活的洞察，變成一種妨礙理解的直覺反應。這讓我們想起馬克思在《路易・拿破崙的霧月十八日》

中的著名評論：當歷史重複，第一次是悲劇，第二次則是
鬧劇。[1]這句話有兩個意涵：（1）第二個事件有很大的程度
導因於先前已經發生的第一個事件；（2）第二個事件之所以
有「鬧劇的」性質，正因為它是模仿、衍生、尾隨第一個事
件而來的。這樣的規律性在觀念史中出現的機會，可能比在
事件史裡面更多。我們講過的故事裡頭，就充滿了這樣的例
證。例如，史蒂格勒提出的「德瑞克特定律」就是從「巴列
圖定律」衍生借用過來的（參見本書第三章）。不過，巴列
圖定律宣稱自己應該被當成一個科學命題，這樣的宣稱確實
是嚴肅真誠的。*

　　一個命題首次被提出來解釋社會事實而功成名就的例
子不勝枚舉。但是，相反地，如果一個「反動」命題第一次
被提出，卻證明沒有什麼解釋力，那麼情況會如何？圍繞著
一八三二年和一八六七年兩次改革法案的討論、當時被講得
斬釘截鐵的危害論就是一個例子。兩個法案通過之後，曾被
廣泛宣告的災難——英國自由之死——並沒有發生。結果，

---

\* 這是我第二次發現，當一個**事件史**的著名通則或格言運用到**觀念史**的時
候，更加接近正確的情況。第一次是桑塔雅那有名的格言：沒有從歷史
得到教訓的人，必然會重複歷史的錯誤。以這兩個樣本做堅定的推論基
礎，誘使我提出一條「後設定律」：被認為可以洞察事件史的歷史「定
律」，它們本身就會在觀念史佔有一席之地。為什麼會這樣？我在《激
情與利益》（*The Passions and the Interests*, Princeton: Princeton University
Press, 1986）那本書中（頁一三三）引用桑塔雅那的格言的時候，提出
了一些理由。

我們可以預料危害論將會銷聲匿跡一陣子，看起來確實如此，因為危害論的說辭在一八八四年的改革法案辯論中並不突出。這種說辭要捲土重來，需要一段「適當的間隔」。羅歐於一八六六年討論第二次改革法案時鄭重警告自由即將沉淪，跟海耶克在一九四四年出版的《到奴役之路》敲打類似的警鐘之間，相隔將近八十個年頭。

我現在想討論應該會比較有趣的互動狀況：在表格中的**直欄，不同的論證之間的互動**。最引人注意的互動是，悖謬論和無效論兩者在邏輯上互斥、但卻存在著相互的吸引，這個情形第三章已經用了很長的篇幅討論過。我在這裡只提出一個概括的觀察：被用來攻擊同一個政策或改革方案的兩種論證之間存在邏輯上的互斥性，並不表示這兩種論證在辯論的過程中不會被同時使用，有時候甚至是被同一個人、或同一個團體使用。

兩組論證的配對，「危害論－悖謬論」和「危害論－無效論」，比較可能相容，而且較能輕易而有效地同時安排來對付「進步」的行動。但是，至少就我研究所及，這樣的配對組合很少見，也未曾規律地出現過。這實在有點意外。或許原因是我已經指出的命題出現時序的問題：危害論的觀點適合比其他兩種論點更早提出。所以，海耶克和杭廷頓對福利國家採取危害論式論證的攻擊，便早於梅瑞完全根據悖謬論的攻擊。

既然結合兩種相容的論證來攻擊某個政策或改革的可能

是存在的，為什麼實際發生得很少呢？除了上面提供的解釋，還有其他的可能。這些論證的鼓吹者或許刻意專注在危害論或「悖謬論－無效論」其中一條思路上面。他們甚至還可能認為，同時訴諸太多的論點，反而會削弱他們的論證力，就好像一個嫌犯不會同時提出太多不在場證明一樣。

我們從簡潔的討論得到一個有趣的弔詭：當兩種論點相得益彰的時候，兩者就比較不可能被安排在同一個論證。但是，當兩種論點互斥的時候，反而常被同時使用——或許因為這樣做充滿了困難與挑戰，而且絕對駭人聽聞。

## ▶ 一種比較複雜的互動狀態

到目前為止，我的考察都侷限在表格中個別的橫排（例如比較梅斯特針對法國大革命提出的悖謬論和佛瑞斯特針對福利國家提出的悖謬論）或直欄（例如同樣是針對福利國家，比較梅瑞的悖謬論觀點和史蒂格勒的無效論觀點）的情況。現在我想要檢討的問題是：一個在前個階段提出的論證，有沒有可能影響到**後面**階段**另外一種**論證的鋪陳方式？或者，用我們的表格來看，分屬於不同**橫排**和**直欄**的論點，有沒有可能產生有趣的互動？

在分析這種個案之前，我想先回憶一下我們在第四章談過的，在同一欄裡面很不尋常的互動狀態。我在討論一八六七年改革法案的結尾處曾經指出，危害論反對選舉權的擴

張，其立論根據是普選權意味「自由」將終結，這個論點被廣泛存於統治菁英間的觀感所破壞：他們認為執行改革法案並不會給英國政治帶來多大的改變。當時甚至有人（特別是迪思瑞利）認為，選民人數的擴增會讓政治局勢有利於**保守黨**。換句話說，羅歐提出的危害論的威脅，許多人並不當一回事，因為他們的思考方式已經受到無效論的影響，亦即，搞得鑼鼓喧天而讓人恐懼莫名的「民主政治」，很可能只是虛驚一場。我在第三章提過，詹姆士‧史第芬曾經在一八七三年表達過這種感覺。這個看法預示了世紀末義大利的菁英理論家的思想，以及他們所採取的比較系統性的無效論觀點。

就形式的觀點而言，危害論跟無效論的互動會產生一個有趣的現象：兩個論證合起來攻擊選舉權，非但沒有相互支援，而且還互挖牆腳。無效論提出民主大體上是個騙局，這種論點使得主張民主會嚴重威脅「自由」的危害論無法被嚴肅看待。

如果我們把分析的焦點放在十九世紀嘲諷民主政治無效的論點，與二十世紀將福利國家描繪成威脅民主和自由的危害論命題的互動上面，也可以得到同樣的結論。我們再度輕易看到，無效論的論證方式如何破壞危害論的命題。這種情況在歐陸尤其顯著，因為在那裡馬歇爾公民權進程的第二階段（確立普選權）與第三階段（建構福利國家）有很大程度的重疊。換言之，當重要的社會保險和社會福利措施首度實施，對民主政治的意識形態攻擊也正如火如荼地進行著。在

這種環境中，要讓「反動派」依循危害論的思路去反對浮現中的福利國家，違反了這些人的本質，因為這些「反動派」基本上是反民主的，而危害論的典型論述方式是一邊讚美民主、一邊警告福利國家將會威脅民主。

我在前一章曾經提到，有一些國家（例如德國）在社會福利措施開始實施的時候，個人自由權與民主政治制度都還不存在或者尚未鞏固。因此，危害論也就無法強力地提出來遏阻福利國家的出現。這個論點在此可以更被強化。在一些國家，即使民主的統治形式業已存在，危害論的說辭也沒辦法用來反對福利國家的改革方案，因為在這些地方我們看到以悖謬論，以及特別是以無效論立場攻擊民主的說辭仍在不斷進行，民主政治因此未曾享有不受挑戰的地位。這樣一來，在討論民主的場合中提出來的無效論，就會減損或妨礙同時發生在福利國家的辯論中危害論的殺傷力。諷刺的是，這樣的局面竟然有助於推進一個新的改革階段，其中德國是一個值得注意的案例。早在一八八○年代，俾斯麥就展開充滿活力的社會保險立法，但是德國的福利國家一直到二十世紀的中葉，才遇到採取危害論立場的堅定批評者，例如新自由主義陣營的海耶克和洛卜克。

到目前為止，某個階段（建構民主政治）的無效論跟下個階段（建立福利國家）的危害論的互動狀態，看起來還蠻溫和無害的。一部份公共輿論接受了民主政治無效論的觀點之後，就可以防止反福利國家的人根據危害論來提出強烈的

反對意見。但是這樣一種意識形態的局勢，同時蘊藏著另外一種很不一樣的動能。當社會正在施行進步改革之際，無效論的反民主觀點，可能不只讓危害論提不出來，而且還主動製造了一個與危害論悖逆的**反命題**：民主政治和社會進步之間若有任何衝突，就讓我們推動社會進步的方案，不要管這個改革過程會對民主產生什麼傷害，反正民主政治**不過是騙局和陷阱**！自從列寧在他一九一七年的宣傳手冊《國家與革命》為「無產階級專政」熱情地背書，長久以來，這一直是共產黨的立場，只有一九八〇年代戈巴契夫的新思維改革除外。

當然，無產階級專政這個詞可以追溯到馬克思在一八七五年提出的〈哥達綱領批判〉，但是真正使這個觀念名聲響亮，並且讓它成為布爾什維克正統信仰之試金石的人物，乃是列寧。其實，影響列寧思想的人，恐怕不只馬克思，還包括當時出名的索雷爾、巴列圖、米歇爾、以及其他無數貶抑民主的人與提倡無效論的人——這些人提出了「金權民主」、「布爾喬亞民主」、「形式民主」等等質疑。*

因此，反民主的無效論與各種形式的危害論（包括上面提到的危害論的反命題）的互動關係，實在給人深刻的情感矛盾。這兩種論述的結合，在一些國家促成了福利國家的出現；而在其他國家，則助長了「為求社會進步而損害或放棄民主乃是無關緊要」的信念。

\* 關於列寧思想的淵源，長期以來辯論不休；列寧本人宣稱他嚴格信守馬
克思的教義，也使問題益發擾人。拒絕相信列寧的人就嘗試證明，列寧
連自己都不知道他深受另一個更深遠而強烈的知識傳統影響。例如，
Nicolas Berdyaev 在《俄羅斯共產主義的起源》( *The Origins of Russian
Communism*, New York: Scribner's, 1937 ) 一書中指出，俄羅斯共產主
義不過是「舊俄時代彌賽亞觀念的變形與畸形發展」(頁二二八)。亦見
David W. Lovell, *From Marx to Lenin* (Cambridge: Cambridge University
Press, 1984), pp. 12–14.
這個辯論擺盪在兩個極端，兩種觀點都只看到過往歷史對列寧的影響。
但是第三種可能性則完全被忽略：列寧曾經有很多年待在瑞士和其他西
歐國家，他可能受到歐洲**當時**極端厭惡民主的知識氛圍影響。這種氛氣
可以從巴列圖、索雷爾、以及其他人的著作中一窺端倪。通常認為這種
知識氛圍必須為法西斯主義的興起負責。這個第三種觀點或許值得更多
的肯定。

# 6 從反動到進步的修辭
## From Reactionary to Progressive Rhetoric

　　「反動派」對於這種過度簡化、先發制人、而且毫不讓步的修辭方式並沒有壟斷權。「進步派」在這一方面也可能做得同樣好。我們可以寫一本類似的書，討論進步派在過去兩個世紀使用什麼樣的重要論述與修辭立場來提出**他們的**主張。這當然不是我寫本書的目的。但是，我們大可翻轉、顛倒本書整理出來的各種反動主題，站在它們的基礎上，或者運用類似的技巧，**製造**出一大堆進步派或自由派的修辭戲碼。現在我想要蒐羅這些額外的收穫。

## ▶ 協力錯覺與危險逼近論

　　進步派反向操作的成功機率因論題而異。危害論似乎最有成功的機會，因為危害論的本質很容易傾向這種論證的蛻變。我在第四章曾經提出一個危害論的反面論點，說明兩個連續的改革如何互相支援；我在第五章的結尾處也說明了一個特定的危害論說辭，如何出乎預料地變成有利於無產階級

專政的論點。但是，這樣的質變乃是基於內在價值的完全顛覆。危害論抨擊福利措施的前提是，社會內部存在著高度珍視自由與民主的價值。只要這個價值佔上風，任何有說服力的論證，主張說某些新近的社會或經濟改革會危害自由或民主，都可能深刻影響人心。然而，一旦基本價值產生劇烈的變化（例如因為受到無效論對民主的銳利批判），那麼人們對於危害論的關切將被其他事情取代（例如我們看到的，鼓吹無產階級專政以達成根本的社會變革），則一點也不意外。

無產階級專政論乃是危害論的鏡像：兩者的立場有一個共同假設，就是，一方面自由和民主互斥，另一方面民主自由又和某種社會進步觀互斥。危害論者認為為了保存自由應該放棄社會進步；而無產階級專政論者的抉擇剛好相反。

當人們拋棄**互斥性**的假設、代之以讓人比較愉快的相輔相成（而不只是並行不悖）的觀念，則危害論就會發生非常特別的轉化。

我們在第四章曾經相當詳細地討論從危害論衍生出來的反命題。危害論者致力於尋找新近改革和既有成果之間可能產生的每一個衝突；而進步派則把分析焦點放在新舊改革將會良性互動的理由。進步派在論爭中，傾向於支持那種令人愉快的、正面的互動，或我稱之為**相輔相成**的效應，這種傾向是進步派氣質的正字標記之一。進步派永遠相信「美事並舉」，＊與反對派的「零和」、「這個扼殺那個」等心態截然不同。兩派人士在不同心態下，當然各懷迥異的價值觀。然而

我們知道，反動派論爭的方式，彷彿他們並不反對進步派的高尚目標；他們「只是」指出事情的發展，「很不幸地」，並非他們「天真的」對手所認為理所當然地那樣平順。

我在第四章曾經指出，新舊改革之間存在諸多可能的互動狀態，而危害論和相輔相成論不過是「兩個格局有限的、而且同樣不符合現實的狀態」。反對派誇張了新行動或干預會傷害舊有改革的程度；而進步派則過度自信於所有改革會相互支援——透過他們所稱的「協力原理」。

並不是說進步派從來不會留意到問題的存在，而是他們典型的作風只會感受到**不採取行動**的危險，而非行動的危險。這裡浮現危害論另一個轉型的輪廓。危害論強調行動的危險，以及新的行動對既有成就的威脅。一種憂慮未來的相對方式則是眼見各種趨近的威脅和危險，因此倡導採取有力的**行動**以避免災難。

例如，雷斯里・史第芬為一八六七年的改革法案請命之際，指稱若不採取改革，群眾就會訴諸抗爭的形式，這對既有社會秩序的威脅遠比放寬投票權來得大。第四章已經提過，他認為投票可以將民眾的能量導向比較無害的管道，而

---

\* Robert A. Packenham 的《自由派的美國與第三世界》（*Liberal America and the Third World*, Princeton: Princeton University Press, 1973），曾經強調過這個概念對於自由派的經濟與政治發展思考的作用。這個概念當然非常古老，尤其可以追溯到希臘人的想法：各種可欲之質，例如真、善、美，都是處在和諧的狀態，甚至是統合為一的。這個理念，濟慈曾經在他著名的〈希臘甕之歌〉說過：「美即真，真即美。」

且可以將更危險的群眾抗議形式（例如罷工與暴動）的合法性予以解除。[1]因此，危害論的命題就被漂亮地顛倒過來：不是通過，而是**未能**通過改革法案，將會危害法律、秩序、與自由。

類似地，社會瓦解或群眾激進化的威脅，也常常被援引為推行福利政策之難以抗拒的論據。自從第二次世界大戰以來，在國際性所得與財富重分配的領域，「即將來臨的」共產主義的威脅，也經常用來主張資源應由富國轉移到窮國。在這些情況下，提倡改革政策的人士都認識到，鼓吹政策是**對的**還不夠；為了獲得更大的修辭效果，他們還力陳必須執行這個政策，才能夠避免某些災難的發生。

這個論點或許可以稱為**危險逼近論**，*危險逼近論與跟它對立的危害論有兩個共同特質。第一，兩者在討論一個新的改革方案的時候，都只看到單方面的危險或風險。危害論陣營唯獨看到行動的危險；而危險逼近論者則全神貫注於不行動的風險。**第二，兩個陣營各自提出其危險景象——危險分別來自行動與不行動——彷彿這些景象都已完全確定而且無法避免。

從反動派與進步派修辭中這些共通的誇張與錯覺，我們

---

\* 我曾經在一個相關的脈絡中，寫過「因為前途黯淡而激發行動」的狀況。參閱《對希望的偏愛：拉丁美洲發展論文集》（*A Bias for Hope: Essays on Development and Latin America*, New Haven: Yale University Press, 1971），頁二八四、三五〇至三五三。

可以得出不同於兩者的，所謂的「成熟」立場的兩個元素：

第一、行動與不行動都伴隨著危險與風險。兩者的風險都
　　　應該詳細檢討與評估，而且應該盡最大的可能去防
　　　範。

第二、我們無法依據這兩種樂於發佈警報的先知們所佯裝
　　　出來的確定性，而獲知行動或不行動將會產生何種
　　　不良後果。所以，當我們預測即將發生的事故或災
　　　難時，最好記住一句成語：最壞的情況不一定總是
　　　會發生（Le pire n'est pastoujours sûr）。***

▶「讓歷史站在我這一邊」

　　危害論經過轉型之後，產生了兩種典型的「進步」立場：
（1）協力的謬誤——新舊改革之間總是有著和諧與交互支援

---

** 寇恩福特裝作一副深恐行動會讓危險纏身的保守份子模樣，嘲諷這種
人勇於淡化相反的危險：「不採取行動的後果，會跟採取行動的後果一
樣多，這種說法純粹只是理論家的詭辯。很顯然地，不採取任何行動
可能什麼事也沒有。」見《學院現形記》（*Microcosmographia Academica*,
Cambridge: Bowes and Bowes, 2nd., 1922），頁二九。

*** 這句話是克勞岱（Paul Claudel）的劇本《緞鞋》（*Le soulier de satin*）的
副標題。這句話在劇本中，以極其輕描淡寫的方式，主張救贖的可能性。
毫無疑問地，克勞岱這句話是從西班牙文的 No siempre lo peor es cierto
來的，它原先是卡歐德宏（Calderón de la Barca）的一齣喜劇的標題。
這句話現在法國使用得很普遍，已經變成了「諺語」。

的關係；（2）危險逼近論——需要趕緊採取新的改革，否則危險即將來臨。

現在輪到無效論來製造相對應的進步立場。無效論的本質是，主張人類企圖實現變革的若干行動註定一敗塗地，因為這些企圖違反了柏克所稱的「事物的永恆構成原理」，或者用十九世紀的語言來說，違反了不容干預之統御社會世界的「定律」或「鐵律」。在我們的分析中，這種社會定律的作者或發現者包括巴列圖、米歇爾、史蒂格勒－德瑞克特等人。

支持無效論說辭的所謂定律，都有一個共同的特徵：它們揭開了一些先前隱藏起來的規律性，這種規律性「統御」著社會世界而且賦與它**穩定性**。這樣的定律宛如為了阻止那些妄想改變現存秩序的人而特別量身訂製。那麼，反過來看，假如可以找到支持社會變革欲望的定律，這種定律長什麼樣子呢？它們應該是**運動**定律，它們會給予進步的社會科學家欣喜萬分的保證——世界朝著進步派所提倡的方向「不回頭地」前進。

社會科學史確實可以根據尋索這兩種定律的歷史來書寫。這裡只要精簡的素描就足夠了。

自從自然科學提出統御物理世界的定律，思索人類社會運行法則的人就開始尋找管轄社會世界的一般定律。一度受到佛洛伊德影響的經濟學界，最近用來形容他們學科的「羨慕物理學的情結」，其實是長久以來社會科學的共同特徵。

這種渴盼之情早就表現在「利益」這個概念上，它被認為是一把理解與預測人類社會行為的萬用鑰匙。這種信念在十七世紀已經廣泛存在而且傳遞到十八世紀，當時，郝威修思得意洋洋地寫道：「道德世界由利益定律統御，如同物理世界由運動定律統御。」[2]

利益典範在新的經濟學科的建構上，找到了這個概念最精細而豐碩的應用。在這個學科，利益概念用來解釋在交易、生產、消費、與分配等基本經濟活動底層運作的恆定原理；**同時**也用來說明十八世紀後半葉明確可見的經濟社會變遷。這兩種分析方式和平共存了一段時間。例如，在亞當‧斯密的《國富論》中具有歷史取向的第三卷〈列國致富之道〉，順理成章地跟在開頭兩卷之後，前兩卷廣泛地分析經濟活動，雖然並非純粹抽象的討論，但卻不太受到時間因素的限制。

不過到了十九世紀，在追尋定律的社會科學家中，開始了某種分工。隨著西歐經濟社會變化日益引人注目，一些學者彷彿專門在為這些充滿動力的歷史過程尋找定律。他們或許是受到牛頓力學在自然科學所佔的超卓地位的鼓勵，而一頭栽進這個工作。郝威修思就是其中一個。他很明顯提到牛頓的「運動定律」並且特別挑出來討論，好像那是當時唯一值得注意的科學成就，而且是唯一值得「道德世界」的思考者模仿的對象。郝威修思的呼籲，一個世紀之後得到了回應。馬克思在他最自豪的時刻——《資本論》的序言——提

出他最引以為傲的宣稱：他確實找到了能精確地稱為「現代社會之經濟運行定律」的軌跡。馬克思只差沒說自己是社會科學界的牛頓。

馬克思的這個呼聲，很快就有了回應。經常有人指出，在十九世紀的下半葉，杰逢斯、孟格、華瑞斯等人發現的邊際主義成為經濟分析的嶄新基礎，乃是依循一般的生理－心理學的人性觀思路發展出來的；這可以看成是對馬克思學說的回應——馬克思想要將經濟知識相對化，並且將任何一套經濟定律的適用效力都限制在某個特定「生產關係」的「階段」。馬克思主義者揚言發現了當代社會的「運動定律」，莫斯卡和巴列圖則對此一聲稱展開猛攻。這兩個人主張，有若干遠超過馬克思所理解的、不變的「深層」經濟與社會結構存在，亦即，所得與權力的分配結構。這使得馬克思主義者轉為守勢：突然間**他們**變成了膚淺的思想家，抱持天真、啟蒙主義式的信念，隨著「表面」事件（不論是改革或甚至是革命）起舞，而且相信社會的可鍛造性。

前面這個簡短的知識史之旅的目的，現在應該很清楚了。假如「反動的」無效論的本質是主張某些社會經濟現象存在著自然規律般的**不變性**，那麼它「進步的」對手就會主張社會存在著**類似定律般的**前進運動、移動、或**進步**。馬克思主義以極大的自信宣揚人類歷史存在著定律般、以特定形式向前運行的必然性。做這種宣告的思想體系不在少數。其他許多學說主義也同樣宣稱，它們找到了這個或那個人類發

展的歷史定律。任何學說只要主張說，所有人類社會都必須經過有限的和相同的發展**階段**，那麼這些進步派的學說都是（反動派的）無效論的近親。

這兩個看似對立的理論之間的根本親近性，可以由兩者所共有的無效論語言來證明。馬克思在這裡是絕佳的見證人。他在《資本論》的序言中表明他發現了「運動定律」之後馬上寫道：現代社會「無法跳過像自然界一樣的發展階段，也不能依照人的意志而存廢。」馬克思的這種無效論，如同專門探討所謂運動定律的社會科學家所揭露的，是指試圖改變或阻撓這些運動定律註定徒勞無功；而相對應地，巴列圖和史蒂格勒的無效論，則來自於意圖干預某些社會的基本**常數**的枉然。

對於馬克思主義體系以及一些類似的進步必然性的理念，經常有一個反對意見是，這些思想理念似乎不太容許人類行動的空間。就社會進步的必然性這個觀念而言，馬克思的確是啟蒙主義的傳人。既然布爾喬亞社會的未來轉型之路已經確定，我們何須賣力爭取？這是後來有名的「搭便車」難題的一種早期說法。正如（只稍微複雜點的）「搭便車」難題一樣，它不像乍看之下那麼難以解決。何況，馬克思已經預見了這種論點，所以他在《資本論》的序言中指出，推動那「無法避免的」革命有助於加快它的腳步，並且減少代價。總之，人們容易受到「**讓歷史站在他們這一邊**」的信念的鼓舞而陶醉其中，不管這信念有多麼模糊。這個十九世紀的概

念，典型地繼承了早期宗教鬥士苦苦追尋的「**上帝**與他們同在」的信念。就我所知，不曾有人說過，心中抱持這種信念就會削弱一個人的戰鬥意志。行動者同樣地感受到歷史運動定律的支持而益發增強其行動力，這確實是這種歷史觀的主張者的意圖。但是，對於反動派而言，無效論講的是另一個版本的故事：假如一個人真心接受無效論的說辭，則會根本地挫折其行動意志，而這正是無效論者所想達到的效果。

## ▶ 悖謬論的反命題

危害論和無效論都可以轉換反動修辭成相反命題，進而導致進步修辭的類型（或刻板觀念），例如協力的錯覺，以及站在歷史這一邊的信念。這樣的修辭，我們雖不盡然陌生，卻可以豐富我們對於進步修辭的常識。這種修辭轉換的技巧，是否在悖謬論也行得通，則頗有疑問。悖謬論在反動修辭的世界佔有核心的地位，所以它的另一面可能只是把我們帶回人人熟知的進步心態的典型。如果我們把這個問題與作為現代史進步典範之法國大革命的相關論述一併考慮，就很清楚。

反動的立場之所以反動，乃在於它宣告悖謬作用廣泛存在於人的世界。因此，反動派建議人們在重新塑造現存制度以及追求創新政策時要非常謹慎。進步派對這個立場的回應是，將這個警告當耳邊風，不僅漠視歷史傳統，而且不理睬

人類行動的非意圖後果的整個概念。不論人類行動是否真的
會造成悖謬作用：進步派隨時準備好依照他們的喜好任意地
塑造社會，而毫不懷疑自己控制事件發展的能力。事實上，
法國大革命一個引人注目的特質，就是這種從事大規模社會
工程的傾向。大革命自稱根據「理性」原則在建構新的社會
秩序——青年黑格爾歡呼為「壯麗的曙光」。大革命的這種
理性托辭，很快被當時的批評家引用悖謬論述加以痛批，譴
責其導致災難。之後，托克維爾以嘲諷的口吻，將法國大革
命的行動說成宛若依照啟蒙時代文人發明的迂闊計劃在模塑
社會現實。

> 當我們研究大革命的歷史，我們發現革命行動乃是
> 根據許多講述政府原理的抽象書籍在進行。一味深受總
> 體理論、完整立法制度、以及法律精確對稱的理念所吸
> 引；一味鄙夷既存事實；一味信賴理論；一味喜愛原創、
> 靈巧、新奇的制度設計；一味偏好依照邏輯規則與獨特
> 規劃而重新全面制定整部憲法，根本不想試著修正局部
> 條文。一幅多麼恐怖的景象啊！3

　　大革命聲稱需要根據「理性」的指令（也就是根據某些
個人對「理性」的解釋）徹底重新建構整個社會。悖謬論就
是建立在這個命題上面的反命題。但是頗令人驚訝的是，這
個命題竟然活得比它的反命題還久。十九世紀的法國，早已

**經過**大革命的灼燒歷練以及隨後悖謬論的抨擊挑戰，但為什麼烏托邦的革命思想竟然還生氣勃勃地發展蔓延？這個現象至今尚未有適當的解釋。[4]

真正的情況是，柏克對法國大革命的批判，反而導致革命與進步修辭跟著節節**攀升**。柏克思想的一個要素是他根據英國歷史經驗提出的主張：現存的制度含納了大量的集體進化智慧，這些集體智慧能夠自行漸進調適演化。假如要駁斥這個反對激進變革的根本保守意見，則必須辨明英國的歷史特別受到眷顧，而在那些沒有任何自由傳統的國家，現存制度只能不斷腐壞下去。在此情況下，除了粉碎舊體制、全面重建政治社會與經濟秩序之外別無出路──無論這樣一個志業會多麼危險地釋放出悖謬的後果。

早在一八五三年法國自由派作家荷慕薩，就沿著這種思路批判柏克：

> 設若一個民族註定無法在他們自身的史冊中，找到這些事件的記錄，或根本不知道何處尋找；設若這個民族歷史中未曾擁有過美好的民族記憶，那麼就算竭盡所能拼湊組合這個民族所有的倫理禮俗與歷史遺風，也不足以賦予她的人民所欠缺的信仰、以及由這種信仰得以錘鍊的態度。……設若一個民族要有自由，必須過去曾經享有自由；設若一個民族今天想要追求好的政府，必須過去已經存在好的政府、或者**至少這個民族必須能夠想**

**像曾經擁有過這兩樣東西**，那麼這個民族是沒辦法被她自己的歷史召集動員起來的，也就是說，她已經沒有未來；而許多民族就這樣註定永遠活在絕望之中。[5]

在這段值得注意的引文中，荷慕薩不只是說在一些國家與環境中，柏克那種對歷史的尊崇之情並不存在；更重要的論點是，柏克的批判效力，主要繫於一個民族對自身條件的理解與想像。換言之，柏克的批判——以其悖謬作用之主張——反而促使提倡激進變革的人覺得必須利用那種「走投無路的意識」，[6]以及我以前在拉丁美洲研究中所稱的「失敗情結」；也就是說，相信所有試圖解決國家困境的手段都已經徹底失敗。凡是這種態度瀰漫之處，柏克那種對於漸進改革可能性的堅持、對於現存制度可完美性的執著，便會遭到有效的抗拒與挫折。藉著喚醒人們走投無路以及先前改革失敗的意識，就等於或明或暗地主張：必須粉碎舊有秩序，從頭開始創建一個新的社會秩序，**不管**會發生任何反效果。因此，這鋌而走險的召喚，可以視為一種修辭操作的上綱，以便用來反制、凌駕悖謬論的說辭。*

悖謬論的反命題是否存在，情況並不是很明顯。我在尋覓的過程卻意外發現，柏克對法國大革命的保守批判，產生了一個有趣的非意圖結果。柏克在《法國大革命反思》中，以堅持現存制度可以改善的論點來反對激進變革，或許因此促成一條長遠的激進主義寫作路線——這種寫作方式將這

個、或那個國家的處境，描繪成完全無法修補、改良、或改革。

　　我離題轉入進步修辭的討論，到此為止。進步修辭使用誇張與眩惑花招的能耐，和它的反動對手比起來，實在是不相上下。

---

＊ 我無意宣稱這種走投無路的論點，在法國大革命之前不曾被使用過。我們很難把西耶思在〈論特權〉結尾的那段話表達得更好了：「這一天將會來臨，我們的子孫讀到我們的歷史時會多麼震驚、暴怒；而那最難以置信的瘋狂也將會得到罪有應得的咒罵。」此文收錄於西耶思的《何謂第三階級？》（Emmanuel Sieyès, *Qu'est-ce que le Tiers État?*, Paris: Presses Universitaires de France, 1982），引文見頁二四。我的論點是，柏克式的批判增加了這種極端主義言辭的發生機率。

# 7 超越堅持己見的僵局
## Beyond Intransigence

## ▶ 論證的翻轉？

我在前一章將分析軸線從「反動派」轉到「進步派」，以及進步派一些典型的論述和論爭焦點。這樣做可能使我失去了在前三章剖析、暴露各種反動修辭的旅程中交到的許多朋友。我將簡短回顧本書的主題以及我所作的努力，以便儘快祛除他們的疑慮。本書的首要目標，是透過分析過去兩百年以來的辯論，勾勒出一些關鍵的反動命題的輪廓，並且闡明這些論述主角如何在理路與修辭上，依循著若干不變的要素。呈現了這些反動理念的提倡者如何陷入不由自主的反射動作，以及笨拙地操作可預測的既定論證格式，當然並不等於反駁了他們的論點，不過確實會導致一些侵蝕性的後果。

我先從一個小地方說起。某些「深刻的思想家」一向樂於展現其思想的原創性與洞察力，但是經過我的分析，看起來就沒那麼令人印象深刻，有時候甚至還蠻滑稽的。雖然這不是我的初衷，但也不會令人不愉快。在進步派與反動派不

161

斷反覆的辯論中總是不太平衡：保守派在有效使用反諷這項
利器上面，老是比進步派佔上風。當托克維爾批評法國大革
命的計劃時，如第六章引用的那一段文字，語調辛辣譏諷。
在他筆下，大革命的計劃開始看起來既幼稚又荒謬，而非早
期的批評家梅斯特、波納爾等人所刻劃的可恥與褻瀆。保
守派對他們敵手的這種反諷態度，也反映在 Weltverbesserer
（淑世者、世界改良者）這個德文名詞，它用來稱呼滿腔熱
血投入改革、但註定要失敗得荒謬可笑的人。美國的說法是
do-gooder（試圖矯正社會弊病、但不切實際的理想主義者），
有類似的嘲諷意味，但是程度輕微一些，因為 do-gooder 的
計劃通常沒有 Weltverbesserer 的那麼宏偉。總而言之，構成
現代保守主義立場的一個必要而且非常有效的配件，就是對
進步主義者採取質疑訕笑的態度。

　　對照之下，進步派仍然深陷正經嚴肅的困境。他們大多
數善於義憤填膺，但拙於冷嘲熱諷。*本書或許稍微矯正了這
種不平衡。

　　但這可不是辛勤耕耘本書的充份理由。我一直有個更根
本的企圖：藉由揭露反動派千篇一律的基本論證風格，來推
定一件事：亦即，標準的「反動」推理方式，如本書所顯示
的，乃是充滿**瑕疵**。一個論點常被反覆使用這件事本身，當
然不能證明它應用在任何具體事例上就一定是錯的。這三種

---

* 明顯地，一向詼諧風趣的寇恩福特是唯一的例外。

反覆被使用的論證，我已經講過許多次，但是值得用平鋪直敘的語言複述一遍：社會世界中當然存在著一些情況，原本用意良善的「目的性社會行動」，卻產生了悖反效果；在另外一些狀況中，完全起不了作用；還有在其他情形下，則危害了先前社會進步的成果。我的重點是，大部份我所確認而加以評析的反動論點，就幾方面而言，在知識上都是**值得懷疑**的。

讓人普遍懷疑某些論點使用過頭的證據是：這些論點幾乎是一再地、規律地使用在非常多樣的現實情況上面。這些論點有相當的內在魅力，因為它們聯繫在強而有力的神話（「驕傲－報應」、「神的旨意」、「伊底帕斯」）以及很有影響力的詮釋性成語（「這個扼殺那個」、「零和」）上面，或者因為這些論點吹噓了作者的才華，而使其自我膨脹。當我們看穿這些事情的真相，就像我在前文嘗試的，我們的懷疑就更確鑿了。很可能正因為這些無關主題的吸引力，使這些標準的反動命題常常輕易就被接納，而不問它們是否切合實際狀況。

前一章討論進步的修辭，不僅不會沖淡我的訊息，而且還可以強化這一點。藉由說明每一個反動論證都有一個或多個進步的對應命題，我引申出關於社會行動的反動與進步的對偶命題。以下是其中一部份的回顧整理：

反動的：人所採取的目的性行動會導致災難性的後果。

進步的：不採取該行動會導致災難性的後果。

反動的：新的改革會危害舊的改革。

進步的：新改革與舊改革會相輔相成。

反動的：人所採取的行動在試圖改變社會秩序的恆存結構特徵（「定律」），因此必然完全失效、徒勞無功。

進步的：人所採取的行動受到「行進中」的強大歷史力量支持；抗拒這些歷史力量只會徒勞無功。

一旦證明了這些配對論證存在，反動命題就宛如被降級了：跟相對應的進步命題放在一起分析，反動命題也不過是一系列憑空想像的、高度兩極化辯論的極端說法。經此剖析，它們實際上只是代表**極端狀況**。在大部份的情況下，這些命題都亟需附加限制、緩和、或修正的條件。

## ▶ 如何「不」在民主社會爭論？

我從本書原始的構想，去合理化第六章的用處。現在，我可以聲明，寫作那一章使我體會到這整個知識課題，有一個更廣闊的角色。其實我真正完成的工作是，描繪了反動派與進步派兩邊都長期在實踐的**堅持己見的修辭學**。

福樓拜有一回使用一個很神妙的片語，來炮轟兩派各自執著於唯心與唯物的哲學家。他說，彼等肯確之論乃是「一

體兩面的不切題」。[1]這個片語也頗適合用來形容前面提出的
對偶命題。

　　但是，我的目的並不是「詛咒兩邊都去死」，而是想把公
共論壇從互不讓步的偏激姿態，挪移到懷抱希望的討論──
寄望我們在交鋒的過程更加「善待民主」（democracyfriendly）。＊
這是一個大題目，我無法在此妥善處理，做一個結論性的思
索應該就夠了。

　　從最近對民主政治的反省中，我們得到兩個很有價值
的洞察，一個是關於多元主義民主政體起源的歷史理解，另
一個是關於維持民主政體的長期穩定與正當性的理解。人們
逐漸認識到，現代多元主義政體之所以出現，不是因為先前
存在著某些「基本價值」的廣泛共識，而是因為長期互相威
脅挾持的各方團體，不得不承認沒有任何人有能力獲得支配
權。尖銳對立團體之間的僵持不下，最後終於催生了多元主
義的容忍與接納。[2]

　　民主政治的這個歷史起點，對於這類政體的穩定性，並
沒有帶來特別的好兆頭。這點一看就明白，但是，當我們同
時考慮另外一個理論的宣稱──民主政體要能獲得正當性，
則決策必須經過社會中主要團體、組織、和代表之間充分與
公開的商議──那麼民主的穩定性其實不易維繫就更明顯
了。商議在這裡被視為意見形成的過程：參與者在剛加入討

＊ 我造這個詞的方法，是類比現在普遍流行的用語 user friendly（善待使
　用者）或德文的 umweltfreundlich（善待環境）。

論的時候，不應該抱持已經完全定型的意見；他們應該參與有意義的討論，也就是說，隨時可以根據其他參與者的論點以及在辯論過程中獲得的新訊息，而修改自己原本的看法。[3]

假如這就是民主政治為了維繫生存以及獲得長期穩定與正當性所需的過程，則我們發現，從紛爭與內戰的煙硝中誕生的多元民主政體，與這種理想狀態之間的鴻溝真是險惡得令人寢食難安。昨日尚在手足相殘的民族，怎麼可能一夜之間就坐下來積極商議互讓一步？比較可能的情況是，大家一開始同意容忍歧異的存在，而不企圖融合歧見——這的確就是宗教寬容的本質。在這個時候，假如團體之間開始對話，也會是典型的「聾子的對話」——現實上這種對話將長期執行著拖延、取代內戰的功能。甚至在最「先進的」民主國家，許多辯論——套用克勞塞維茨的話——不過是「延續內戰的手段」。在這種辯論中，每一方都隨時警戒對方論點的殺傷力，這是我們非常熟悉的民主政治的常態。

因此，從傳統的互不妥協、互相毀滅的對話，前進到一種比較「善待民主的」對話歷程，將是一條艱辛的漫漫長路。想從事這項探險的人，若知道一些危險訊號的存在，應該有所助益，例如有些論證其實是特別設計來阻礙對話和商議的巧妙裝置。我在這本書裡，首先站在傳統上區別「進步派」與「保守派」界線的一方，試著給這些論點做一個系統性而有歷史涵養的說明；然後我扼要地對另外一方，做了類似的解說。福特基金會在贊助這個寫作計劃之初，我只是著眼於

揭露反動修辭簡化的特質,結果卻完成了一份比較持平的作品。因此,這部著作或許最終可以促成比原先計劃更有企圖心的目標。

# 作者致謝
## Acknowledgments

　　我在第一章已經指出，本書觀念的成形，起源於我參加福特基金會在一九八五年召集的美國社會福利政策研究計劃的執行委員會；特別是Ralf Dahrendorf在委員會第一次會議上發表的開場演說給我的省思。比較遠一點的影響則來自Donald McCloskey，他令人振奮地恢復了修辭學在經濟學與政治學的研究領域中的正當地位。

　　在寫作的過程，許多人讀過本書各章的草稿，其中我特別要感謝以下這幾位給我的幫助與鼓勵：William Ewald、Joseph Frank、Luca Meldolesi、Nicoletta Stame、Fritz Stern、以及Margaret Weir。我和David Bromwich、Issac Kramnick、Jerry Muller、以及Edmund Phelps等人的通信，也幫助我澄清一些論點與疑惑。本書的法文譯者Pierre Andler，以及Rebecca Scott鉅細靡遺地校讀了定稿。在我曠日費時尋找本書適切標題的過程中，Peter Railton與Emma Rothschild兩位給我的幫助很大。

　　幾位朋友與讀者懷有不同凡響的利他精神，他們讓我注意到某些特定的文本，使我可以加強並且潤飾我的論點。

他們是：Walter Hinderer、Stephen Holmes、Bishop Pietro Rossano、以及 Quentin Skinner；他們分別提醒我有關席勒、梅斯特、藍培度沙、霍布斯等人非常值得引用的文章段落。另外，Dennis Thompson 在英國一八六七年選舉法案改革的研究方面，推薦我很有價值的參考文獻。

最後，我很高興有機會表達我虧欠 Bernard Manin 的知識債與人情債。他在民主理論方面的作品一直是刺激我思考的泉源。我們連續幾個暑假在法屬阿爾卑斯山區的 Puy-Saint-Vincent 碰面，他對我尚在構思中的草稿，每次都毫不吝惜地提出他一向敏銳的意見。

本書的一部份曾經在公共演講與科學會議的場合發表。第二章的摘要版曾於一九八八年四月在密西根大學的田納講座（Tanner Lecture）發表，之後又分別在巴黎的艾宏中心（The Centre Raymond Aron）以及慕尼黑的西門子基金會（Siemenss-tiftung）發表；然後收錄於 *The Tanner Lectures in Human Values*, vol. 10（Salt Lake City: University of Utah Press, 1989）；之後，其中一份更簡短的版本發表於 *Atlantic*（May 1989）。在安娜堡（Ann Arbor）的討論，John Diggins、Stephen Holmes、以及 Charles Tilly 三位特約評論人的意見使我獲益匪淺。第三章同樣以摘要的形式，於一九八九年八月在岡多菲堡（Castle Gandolfo），發表在維也納人文學研究所（Vienna Institut für die Wissenschaften vom Menschen）贊助的公民社會研討會；並且於一九九〇年二月，在哥倫比亞大學的 Lionel

Trilling Seminar 發表。在哥大的討論會上，Stanley Hoffman 和 Stephen Holmes 給我犀利的評論。第四章則於一九九〇六月，在華沙舉行的社會抉擇的哲學（the Philosophy of Social Choice）研討會上，作為討論論文發表；這個會是由波蘭科學院（Polish Academy of Sciences）和美國學術聯合會（American Council of Learned Societies）共同贊助。

從一九八五年到一九八九年，Lynda Emery 以令人讚嘆的聰慧、技巧、與熱心，幫我的手稿打字。她離開普林斯頓之後，由 Lucille Allsen 與 Rose Marie Malarkey 接手，她們稱職地完成最後的工作。高等研究院（Institute of Advanced Study）的圖書館員 Marcia Tucker 則提供我很有價值的文獻參考服務。

哈佛大學出版社（Harvard University Press）曾經出版我的《叛離、抗議與忠誠》（Exit, Voice, and Loyalty, 1970），在那裡工作的 Aida Donald 熱烈歡迎我回來出版本書，並且以令人佩服的技巧讓本書順利付梓。Vivian Wheeler 是完美的文稿編輯，在出版過程她也是一位最讓人愉快而有效率的協調者。最後，我要感謝 Gwen Frankfeldt，她把巴姆堡大教堂（Bamberg Cathedral）兩位爭論不休的先知雕像，設計在此書（美國版）的封面。我十六歲的時候曾經造訪過那座大教堂，此後那幅劇烈、而或許永遠相持不下的爭辯畫面，就一直烙印在我的腦海。

之後不久，我就遠離德國移居他鄉。

# 中文版新版譯者跋
## 吳介民

　　二〇一二年末，專注於《反動的修辭》再版譯稿的時刻，聽到赫緒曼離世的消息。二〇〇一至二〇〇二年，我與廖美曾兩度到高等研究院拜訪他，第一次是請教他著作中的觀念解讀，第二次則是送上《反動的修辭》中文版。當時，年邁的思想家沉浸於繪畫，興高采烈地談論康丁斯基。那一年，《涉身場域的交替》印行二十週年紀念版，就用康丁斯基的畫作為封面。

　　十年過去了，偶爾瀏覽高等研究院網頁，知道美國社會科學委員會，在二〇〇七年設立了「赫緒曼獎」，這個獎的宗旨是為了表彰由赫緒曼所開拓的知識傳統，即國際與跨學科之社會科學研究、理論與公共溝通等領域之卓越學術貢獻。這是該委員會最高的學術榮譽，歷屆得獎者包括羅瑞克（Dani Rodrik）、緹力（Charles Tilly）和班納迪克・安德森（Benedict Anderson）。

　　赫緒曼善於「跨越邊界」，只要接觸他的作品，就可感受其魅力。他對社會行為充滿好奇，廣泛涉獵各類學科與文

學藝術，使他能夠自由進出各種知識領域，而成為跨界書寫
的高手。他在貿易依賴理論、發展經濟學、集體行動、社會
運動、政治思想、方法論等領域都留下令人激賞的原創貢獻。

　　赫緒曼一生也充滿戲劇性的「越界」行動。一九一五年
生於柏林的猶太人中產家庭，十多歲便參與左翼運動。一九
三三年因躲避納粹迫害，前往巴黎。一九三六年到西班牙參
加反法西斯內戰。二戰爆發，他以志願軍身份加入法國陸
軍。接著在馬賽參與營救反納粹人士。在這段流離生活中，
他完成了博士學位。一九四〇年底，他徒步越過庇里牛斯山
到達里斯本，再輾轉抵達紐約，開始在美國的學術生涯。赫
緒曼是「入世哲學家」。在美國，他擔任過聯準會經濟學家；
也曾前往南美哥倫比亞擔任政府經濟顧問，後來甚至開設私
人顧問公司。赫緒曼最後的落腳地，是位於普林斯頓的高等
研究院（設立於一九三〇年），這裡是愛因斯坦終老之處，
已辭世的人類學家吉爾茲（Clifford Geertz）也退休於此。赫緒
曼詼諧頑皮的氣質，不禁讓人想到普林斯頓街上，一家著名
冰淇淋店掛著的「愛因斯坦吃冰淇淋」照片，同樣有著面對
真理的純摯。

　　台灣學術界了解赫緒曼學問根底的人，或有若干。但
他在台灣似乎尚未激起炙艷的學術火花。而在歐美和拉丁美
洲，隨著時光的淘洗，赫緒曼作為思想家的地位愈發鞏固。
《反動的修辭》中譯本初版於二〇〇二年，幾年後便絕版。
這些年台灣籠罩在新自由主義全球化的浪潮下，「反動修辭」

的氣焰也瀰漫在社會中，使譯者覺得有再版此書的必要。

在民主深耕的過程，台灣學界如果有像赫緒曼這樣分析觀點獨到的學者，局面或許大不相同。赫緒曼作為發展經濟學者，批判「均衡」的信條；作為政治經濟學者，對「激情」深刻考掘；作為集體行動理論者，提出「涉身」社運場域即是享用公共財；作為方法論者，顛覆了分析模型應該「簡約」的教諭，無一不顯示其不願委身主流、桀驁不馴的知識性格。（或許，我們學界少了這點「性格」。）

對學問「性格」、「氣質」的再體悟，是此次校訂工作之非意圖的收穫。赫緒曼神來之筆，從「論證掛帥」的觀點切入思想公案，確實導致了分析角度與剖析層次的大位移：不以「人」作為分析單元，而是「論述」；論述罕見形塑於人格特質，而是取決於論證本身所驅動的諸多命令。某個論述一旦搭乘了特定論證格式的魔毯，這魔毯即給予論述一股神力，卻不准中途下車。

赫緒曼幽默，而且執著地，提醒讀者：內生於悖謬論的火爆氣焰（熱的氣質），對映著無效論的世故沉著（如定律般冷的性格）；一個「柏克」預示了另一個「雷朋」，一個「托克維爾」隔代感染了另一個「巴列圖」。這樣的知識系譜，與傳統的思想史大異其趣，讀來不僅生動、充滿挑戰，更不時感受到「論證之氣」的啟發。

赫緒曼從不拘泥於「單向」分析，本書中，讀者可以發現，他從「反動論述」入手，最後卻使用同一個方法分析「進

步論述」，進而揭示出左右思想之互為鏡像的「對偶性」，也吻合了他引用的福樓拜的名句：彼等肯確之論，乃「一體兩面的不切題」。這套「冷熱－對偶分析法」，在赫緒曼手裡，竟是這般自由貫通左右。

譯者最後要感謝左岸編輯王湘瑋和紐約市立大學布魯克學院商業與政府研究中心研究員廖美在譯文校訂上的協助；尤其廖美耗費很大功夫，對照原文，字字句句計較，挑出舊譯稿的錯誤與模糊之處。與赫緒曼思想洞察力同等重要的是，這位學者的語言是如此優雅、簡潔、不故弄玄虛。我相信，她們兩位的共同努力，使得本書的譯文更加值得信賴；也希望我們跨越十年的這些努力，能夠使這個譯本更加貼近原文的質地。

（二〇一三年一月）

# 中文版初版譯者跋
## 吳介民

　　本書譯稿在二○○二年初，譯者蟄居於紐約市東村時完成。早在二○○○年春天，譯者在國立清華大學「政治修辭」的課上，就曾經採用本書作為教材。當時我曾隨著課程的進度，順手翻譯一部份章節供學生參考。在教學的過程，我深深體會到這本書對於台灣社會目前遭遇的政治困境，有啟迪澄清之用，而決定進行這項翻譯工作。二○○一年盛夏，譯者前往位於普林斯頓的高等研究院拜訪仰慕已久的赫緒曼教授。他聽說我的翻譯計劃，非常興奮地打開一座擺滿他著作各國譯本的書櫃，其中獨缺中文譯作。*

　　在翻譯的過程，許多人給予我各式各樣的協助，他們是：吳乃德、沈倖如、孫銘燐、謝金蓉、鄭麗君、吳瑞媛、

---

* 我後來查詢台灣各大學的圖書館，發現赫緒曼的 *The Strategy of Economic Development*（New Haven: Yale University Press, 1958），台灣銀行曾經在一九七四年出版徐育珠的譯本，書名翻譯為《經濟發展策略》；另外，協志工業也在一九七六年出版汪賜曾和蔡來春的譯本，書名《經濟開發策略》。但赫緒曼顯然不知道此事。

謝世民、杜文仁、鄭雅文；郭宏治耐心等候我完稿；廖美則
參照原文仔細核讀，儘可能地挑剔我的譯筆，沒有她的費心
與激勵，這個工作著實難以完成。在最後的出版階段，新新
聞出版社優異的編輯工作令人印象深刻，尤其是莊瑞琳和郭
宏治對於文字可讀性與索引編製等方面的堅持，大大地增加
這部中文譯本的價值。譯者當然奢望所有的協助者在分享出
版本書的喜悅之餘，都能共同承擔這份譯本的可能錯誤，但
是我很清楚，這種想法不過是赫緒曼所謂的「協力錯覺」。

（二〇〇二年六月）

# 註解
## Notes

CHAPTER 1 ——兩百年的反動修辭

1. 這個討論團體的報告之後結集出版：*The Common Good: Social Welfare and the American Future*, Policy Recommendations of the Executive Panel (New York: Ford Foundation, 1989).

2. T. H. Marshall, "Citizenship and Social Class," Alfred Marshall Lectures given at Cambridge University in1949, reprinted in Marshall, Class, Citizenship, and Social Development (New York: Doubleday, 1965), chap. 4.

3. Alfred N. Whitehead, *Symbolism* (New York: Capricorn, reprint ed., 1959), p. 88.

4. 以下是幾部相關的著作：François Bourricaud, *Le retour de la droite* (Paris: Calmann-Lévy, 1986); Jacques Godechot, *La contre-révolution* (Paris: Presses Universitaires de France, 1961); Russell Kirk, *The Conservative Mind, from Burke to Eliot* (Chicago: Regnery, 1960); Karl Mannheim, *Conservatism* (London: Routledge & Kegan Paul, 1986); Michael Oakeshott, *Rationalism in Politics, and Other Essays* (London: Methuen, 1962), 特別是該書的主題論文，以及 "On Being Conservative"; Anthony Quinton, *The Politics of Imperfection* (London: Faber & Faber, 1978); Roger Scruton, *The Meaning of Conservatism* (London: Macmillan, 1980, 中文版：《保守主義》，王皖強譯，臺北：立緒文化，2006); and Peter Steinfels, The Neoconservatives (New York: Simon & Schuster, 1979).

5. See Jean Starobinski, "La vie et les aventures du mot 'réaction," *Modern Language Review* 70 (1975): xxii–xxxi; also Bronislaw Baczko, *Comment*

*sortir de la terreur: Thermidor et la Révolution* (Paris: Gallimard, 1989), pp. 328–336.

6. Cited in Starobinski, "La vie du mot 'réaction," p. xxiii.

7. I. Bernard Cohen, "The Newtonian Scientific Revolutionand Its Intellectual Significance," *Bulletin of the American Academy of Arts and Sciences* 41 (December 1987): 16.

8. Ferdinand Brunot, *Histoire de la langue française des originesà 1900* (Paris: A. Colin, 1922–1953), vol. 9, pt. 2, p. 844.

9. Benjamin Constant, *Écrits et discours politiques*, ed. O. Pozzo di Borgo (Paris: Jean-Jacques Pauvert, 1964), vol. 1, pp. 84–85.

CHAPTER 2 ────悖謬論

1. 對於悖謬作用的一個廣泛探討，請見社會學家 Raymond Boudon, *Effets pervers et ordre social* (Paris: Presses Universitaires de France, 1977).

2. Edmund Burke, *Reflections on the Revolution in France*, ed. and intro. Conor Cruise O'Brien (Middlesex: Penguin Classics, 1986), pp. 313, 345.

3. Alfred Cobban, *Edmund Burke and the Revolt against the Eighteenth Century* (London: Allen & Unwin, 1929), p. 123.

4. Friedrich Schiller to Herzog Friedrich Christian von Augustenburg, July 13, 1793, in *Schiller's Briefe*, ed. Fritz Jonas (Stuttgart: Deutsche Verlagsanstalt, 1892 – 96), vol. 3, p. 333.

5. Adam Müller, *Schriften zur Staatsphilosophie*, ed. Rudolf Kohler (Munich: Theatiner-Verlag, 1923), p. 232. 這段引文取自慕勒一八一九年的文章 "Von der Notwendigkeit einer theologischen Grundlage der gesamten Staatswissenschaften und der Staatswirtschaft insbesondere" (On the need for a theological basis for the social sciences and for political economy in particular); 這段話也被 Carl Schmitt 特別凸顯出來採用，*Politische Romantik*, 2nd ed. (Munich: Duncker & Humblot, 1925), p. 170.

6. By Conor Cruise O'Brien in his introduction to Burke, *Reflections*, pp. 70–73.

7. Burke, *Reflections*, pp. 138, 271.

8. *The Letters of Jacob Burckhardt*, ed. A. Dru (London: Routledge & Kegan Paul, 1955), p. 93.

9. Gustave Flaubert, *Correspondance* (Paris: Conard, 1930), vol. 6, pp. 282, 33, 228, 287.

10. Ibid., p. 287.

11. Henrik Ibsen, *An Enemy of the People*, act 4.

12. Herbert Dieckmann, "Diderot's Conception of Genius," *Journal of the History of Ideas* 2 (April 1941): 151–182.

13. Gustave Le Bon, *Psychologie des foules* (Paris: Félix Alcan, 1895, 中文版作:《烏合之眾》,周婷譯,臺北:臉譜出版,2011), p. 4.

14. Ibid., p. 169.

15. Ibid., p. 187.

16. Herbert Spencer, *The Man versus the State* (Caldwell, Idaho: Caxton Printers, 1940), p. 86.

17. Milton Friedman, Capitalism and Freedom (Chicago: University of Chicago Press, 1962, 中文版:《資本主義與自由》,謝宗林譯,臺北:博雅書屋,2011), p. 180.

18. Edward Bulwer-Lytton, *England and the English* (New York: Harper, 1833), vol. 1, p. 129. 這段話的一部份曾被Gertrude Himmelfarb引用, *The Idea of Poverty: Englandin the Early Industrial Age* (New York: Knopf, 1984), p. 172.

19. Charles Murray, *Losing Ground: America's Social Policy, 1950–1980* (New York: Basic Books, 1984), p. 9.

20. 這段文字是Himmelfarb摘述William Cobbett在他的書中 (*A Legacy to Labourer*, London, 1834) 對新濟貧法的反覆指控。See *The Idea of Poverty*, p. 211.

21. Quoted in Himmelfarb, *The Idea of Poverty*, p. 182.

22. See Nicholas C. Edsall, *The Anti-Poor Law Movement, 1834–44* (Manchester: Manchester University Press, 1971).

23. E. P. Thompson, *The Making of the English Working Class* (New York: Vintage, 1963, 中文版:《英國工人階級的形成》全二冊,賈士蘅譯,臺北:臉譜出版,2011), p. 267.

24. Jay W. Forrester, "Counterintuitive Behavior of Social Systems," *Technology Review* 73 (January 1971).

25. Nathan Glazer, "The Limits of Social Policy," *Commentary* 52 (September 1971).

26. 關於兩者的互動關係，一個非災難式的評估，見 Mary Jo Bane, "Is the Welfare State Replacing the Family?" *Public Interest* 70 (Winter 1983): 91–101.

27. Joseph de Maistre, *Considérations sur la France*, ed. Jean-Louis Darcel (Geneva: Slatkine, 1980), p. 95.

28. Thomas Hobbes, *Leviathan*, II, chap. 30.

29. Anson Rabinbach, "Knowledge, Fatigue, and the Politics of Industrial Accidents," in *Social Knowledge and the Originsof Modern Social Policy*, ed. Dietrich Rueschemeyer and Theda Skocpol (forthcoming).

30. Fred Block and Frances Fox Piven, "The Contemporary Relief Debate," in Fred Block et al., *The Mean Season: The Attack onthe Welfare State* (New York: Pantheon, 1987), p. 96.

31. Ibid., pp. 96–98.

CHAPTER 3 ——無效論

1. Alphonse Karr, *Les guêpes*, new ed. (Paris: Calmann-Lévy, 1891), vol. 6, p. 305.

2. Giuseppe Tomasi di Lampedusa, *Il Gattopardo* (Milan: Feltrinelli, 1959), p. 42.

3. Edmund Burke, *Reflections on the Revolution in France*, ed. and intro. Conor Cruise O'Brien (Middlesex: Penguin Classics, 1986), p. 92.

4. Charles de Rémusat, "'L'Ancien Régime et la Révolution' par Alexis de Tocqueville," *Revue des deux mondes* 4 (1856): 656.

5. J. J. Ampère, *Mélanges d'histoire littéraire* (Paris, 1877), vol. 2, pp. 320–323. 這裡引用的這段話，出自安培賀在 1856 年寫的一篇評論。See also Richard Herr, *Tocquevilleand the Old Regime* (Princeton: Princeton University Press, 1962), pp. 108–109.

6. François Furet, *Penser la Révolution Française* (Paris: Gallimard, 1978), p.

31. Emphasis added.

7. Alexis de Tocqueville, *L'Ancien Régime et la Révolution*, 4th ed. (Paris, 1860), p. 333.

8. Gaetano Mosca, *The Ruling Class* (Elementi di scienzapolitica), ed. and intro. Arthur Livingston (New York: McGraw-Hill, 1939, 中文版：《統治階級論》，涂懷瑩譯，臺北：國立編譯館，1997), p. x.

9. Ibid., pp. 284–285.

10. Gaetano Mosca, "Teorica dei governi e governoparlamentare," in *Scritti politici*, ed. Giorgio Sola (Turin: U.T.E.T.，1982), vol. 1, p. 476; translation adapted from James H. Meisel, *The Myth of the Ruling Class* (Ann Arbor: University of Michigan Press, 1958), p. 106. Emphasis inoriginal.

11. Mosca, "Teorica," p. 478. Emphasis in original.

12. Richard Bellamy, *Modern Italian Social Theory* (Stanford: Stanford University Press, 1987), pp. 40–41.

13. Gaetano Mosca, *Il tramonto dello stato liberale*, ed. Antonio Lombardi (Catania: Bonanno, 1971), pp. 82–88, 123–141.

14. Vilfredo Pareto, *Cours d'économie politique*, ed. G. H. Bousquet and Giovanni Busino (Geneva: Droz, 1964), par. 1054.

15. Ibid., par. 1055.

16. 歐思錯果斯基在1903年出版了劃時代的兩冊作品《民主政治與政黨》（*La démocratie et les partis politiques*, Paris: Calmann-Lévy）。但是他關於美國政治體系的研究發現早在1888至1889年間，就已經發表在《政治科學年鑑》（*Annales des sciences politiques*）。因此巴列圖在寫《政治經濟學教案》（*Cours*）的時候，很可能已經注意到歐思錯果斯基的思想。Seymour Martin Lipset在追溯歐思錯果斯基的著作對當代社會科學家的影響時，把歐思錯果斯基發表論文的時間說成「1890年代早期」；除了這個小錯誤，Lipset那篇文章還是很值得參考："Moisei Ostrogorski and the Analytical Approach to the Comparative Study of Political Parties" in Lipset, *Revolution and Counterrevolution* (New York: Basic Books, 1968), p. 366.

17. Pareto, *Cours*, par. 1056.

18. Vilfredo Pareto, "La courbe de la répartition de la richesse" (1896), re-

published in Pareto, *Écrits sur la courbe de larépartition de la richesse*, ed. and intro. Giovanni Busino (Geneva: Droz, 1965), pp. 1–15; Cours, pars. 950–968.

19. Pareto, "La courbe," p. 3.
20. *Palgrave's Dictionary of Political Economy* (London: Macmillan, 1926 ed.).
21. 《政黨論》原先德文版的書名是 *Zur Soziologie des Parteiwesens in der modernen Demokratie* (Leipzig: Klinkhardt, 1911)，之後由 Seymour Martin Lipset 翻譯成英文，並附上導讀，作者和書名變成：Robert Michels, *Political Parties* (New York: Free Press, 1962).
22. Pareto, *Cours*, par. 965.
23. Pareto, *Écrits sur la courbe*, p. x.
24. Ibid., p. 17.
25. Lampedusa, *Il Gattopardo*, p. 219.
26. James Fitzjames Stephen, *Liberty, Equality, Fraternity*, ed. R. J. White (Cambridge: Cambridge University Press, 1967), p. 211. See also James A. Colaiaco, *James Fitzjames Stephen and the Crisis of Victorian Thought* (New York: St. Martin's Press, 1983), p. 154. 詹姆士‧史第芬是比較傾向自由派而且比較有名的雷斯里‧史第芬（Leslie Stephen）的哥哥。後者曾經在1867 年出版的 *Essayson Reform* 中為選舉改革極力辯護。這本書於1967 再版，書名為：*A Plea for Democracy*. 參見第六章，註1。
27. Stephen, *Liberty, Equality, Fraternity*, p. 212.
28. George Stigler, "Director's law of Public Income Distribution," *Journal of Law and Economics* 13 (April1970): 1–10.
29. Milton Friedman and Rose Friedman, *Free to Choose* (New York: Avon Books, 1979, 中文版:《選擇的自由》，羅耀宗譯，臺北：經濟新潮社，2008), p. 109.
30. Gordon Tullock, *Welfare for the Well-to-Do* (Dallas: Fisher Institute, 1983).
31. Gordon Tullock, *Economics of Income Redistribution* (Hingham, Mass.: Kluwer Nijhoff, 1983).
32. Ibid., pp. 100–101.

33. Martin Feldstein, "Unemployment Compensation: Adverse Incentives and Distributional Anomalies," *National Tax Journal* 27 (June 1974): 231–244; quotation on p. 231.

34. Ibid., p. 237.

35. Martin Feldstein, "New Evidence on the Distribution of Unemployment Insurance Benefits," *National Tax Journal* 30 (June 1977): 219–222.

36. Feldstein, "Unemployment Compensation," p. 237.

37. Robert E. Goodin and Julian Le Grand, *Not Only the Poor: The Middle Classes and the Welfare State* (London: Allen & Unwin, 1987).

38. See Anne O. Krueger, "The Political Economy of the Rent-Seeking Society," *American Economic Review* 64 (May1974): 291–303; and James M. Buchanan et al., eds., *Toward a Theory of the Rent-Seeking Society* (College Station: Texas A&M University Press, 1980).

39. See Albert O. Hirschman, "Ideology: Mask or Nessus Shirt?" in *Comparison of Economic Systems*, ed. Alexander Eckstein (Berkeley: University of California Press, 1971), p. 295.

CHAPTER 4 ——危害論

1. Isaiah Berlin, "Two Concepts of Liberty," reprinted in Berlin, *Four Essays on Liberty* (Oxford: Oxford University Press, 1969, 中文版:《自由四論》,陳曉林譯,臺北:聯經出版,1986), chap. 3. 以撒·柏林沒有提到馬歇爾和龔思坦。

2. See Quentin Skinner, "The Paradoxes of Political Liberty," in *The Tanner Lectures on Human Values* (Salt Lake City: University of Utah Press, 1986), vol. 7, pp. 227–250. 這篇佳作對於相關文獻有很廣泛的探討。

3. Benjamin Constant, "De la liberté des Anciens comparéeà celle des Modernes," in Constant, *De la liberté chez les Modernes*, ed. Marcel Gauchet (Paris: Le Livre de Poche, 1980), pp. 491–518. 龔思坦關於兩種自由的區別,可以追溯到 Madame de Staël 和西耶思,甚至是盧梭。See "Madame de Staël" (by Marcel Gauchet)in François Furetand Mona Ozouf, *Dictionnaire critique de la Révolution Française* (Paris: Flammarion, 1988), p. 1057; for Sieyès, see Pasquale Pasquino, "Emmanuel Sieyès,

Benjamin Constant et le 'gouvernement des Modernes,'" *Revuefrançaise de Science Politique* 37 (April 1987): 214–228; 雖然龔思坦批評盧梭忽略了兩種自由的區別，但其實盧梭本人有時候是知道這個區別的，例如在他的 *Lettresécrites de la montagne*；這點我在 *Shifting Involvements* (Princeton: Princeton University Press, 1982, p. 98) 一書中也提到過。

4. J. R. M. Butler, *The Passing of the Great Reform Bill* (New York: Augustus M. Kelley, 1965), pp. 240–241.

5. Ibid., p. 237.

6. Quoted in "The Real Character and Tendency of the Proposed Reform," anonymous pamphlet (London: Roake& Varty, 1831), p. 21.

7. Asa Briggs, *The Age of Improvement* (London: Longmans, Green, 1959), p. 258.

8. Quoted in Butler, *Reform Bill*, p. 257.

9. Thomas C. Schelling, *The Strategy of Conflict* (Cambridge, Mass.: Harvard University Press, 1960, 中文版：《入世賽局》，趙華、高銘淞等譯，臺北：五南出版，2006), p. 57.

10. F. B. Smith, *The Making of the Second Reform Bill* (Cambridge, Cambridge University Press, 1966), p. 57.

11. See Briggs, *Age of Improvement*, p. 513. 這本書的最後一章討論1867年的改革法案，題目就叫作〈向著黑暗躍進〉(The Leap in the Dark)。這個片語可以追溯到麥考雷鼓吹1832年改革法案的一次演說。但是這個詞變得有名則要歸功於德彼爵士1867年的演說。See Gertrude Himmelfarb, *Victorian Minds* (New York: Knopf, 1968), p. 383.

12. The Right Hon. Robert Lowe, M.P., *Speeches and Letterson Reform* (London, 1867), p. 170.

13. Ibid., p. 61.

14. *The Letters of Thomas Babington Macaulay*, ed. Thomas Pinney (Cambridge: Cambridge university Press, 1981), vol. 6, p. 94. 在這封信中，麥考雷預料到 Frederick Jackson Turner 的邊區論，根據 Turner 的這個理論，美國的邊區法律可以為社會衝突提供安全瓣的作用。

15. Ibid.

16. W. E. H. Lecky, *Democracy and Liberty* (London: Longmans, 1896), vol. 1,

p. 18.

17. Lowe, *Speeches*, pp. 158, 161, 147ff.

18. Ibid., p. 149.

19. Sir Henry Sumner Maine, *Popular Government: Four Essays* (New York: Henry Holt, 1886), pp. 35–36.

20. Ibid., pp. 97–98. My emphasis.

21. Gustave Le Bon, *Psychologie des foules* (Paris: Félix Alcan, 1895, 中文版：《烏合之眾》,周婷譯,臺北：臉譜出版,2011), p. 44.

22. Quoted in Himmelfarb, *Victorian Minds*, p. 334.

23. Lowe, *Speeches*, p. 76.

24. *Quarterly Review* 127 (1869): 541–542, cited in Himmelfarb, *Victorian Minds*, pp. 357–358.

25. W. L. Guttsman, ed., *A Plea for Democracy*, pp. 72–92; and Hirschman, *Shifting Involvements*, pp. 115–116.

26. Lucien Anatole Prévost-Paradol, *Quelques pages d'histoirecontemporaine*, ser. 4 (Paris: Michel Lévy, 1867), p. vi.

27. Fustel de Coulanges, *La cité antique* (Paris: Hachette, 1885), pp. 1–2. Emphasis added.

28. Ibid., p. 268.

29. Ibid., pp. 268–269.

30. François Furet underlines this point in "Burke ou la fin d'uneseule histoire de l'Europe," *Le Débat* 39 (March–May1986): 56–66.

31. Edmund Burke, "Letter to a Member of the French National Assembly in Answer to Some Objections to His Book on French Affairs," in Burke, *Works* (Boston: Little, Brown, 1839), vol. 3, p. 326.

32. Edmund Burke, *Reflections on the Revolution in France*, ed. and intro. Conor Cruise O'Brien (Middlesex: Penguin Classics, 1986), pp. 181, 183.

33. Walter Bagehot, "Letter on the New Constitution of Franceand the Aptitude of the French Character for National Freedom" (January 20, 1852); reproduced in Norman St. John-Stevas, *Walter Bagehot: A Study of His Life and Thought together with a Selection from His Political Writings* (Bloomington: Indiana University Press, 1959), pp. 424, 426.

34. Stefan Collini, Donald Winch, and John Burrow, *That Noble Science of Politics: A Study in Nineteenth-Century Intellectual History* (Cambridge: Cambridge University Press, 1983), p. 175. 根據這部佳作的序言，我所引用的評論巴澤特的那一章是Burrow寫的。

35. Max Scheler, "Der Geist und die ideellen Grundlagen der Demokratien der großen Nationen" (The spirit and the ideational bases of the democracies of the great nations), reprinted in Scheler, *Schriften zur Soziologie und Weltanschauungslehre*, 2nd ed. (Bern: Francke, 1963), *Gesammelte Werke*, vol. 6, pp. 158–186. 另外參見Adolph Lowe 對謝勒這篇文章的有趣評論：*Has Freedom a Future?* (New York: Praeger, 1988), pp. 68–73.

36. Scheler, "Der Geist," pp. 182–183.

37. See Max Scheler's 1919 essay "Von zwei deutschen Krankheiten" (On two German diseases), in *Schriften zur Soziologie*, pp. 204–219. 謝勒在1923 年，將分別寫於1916 年和1919 年的兩篇文章同時發表在*Nation and Weltanschauung*這本文集，但是在序言中卻完全沒有提到兩篇文章之間的矛盾。Lewis Coser 為謝勒的 *Ressentiment* (New York: Free Press of Glencoe, 1961) 所寫的導言中，有討論到他在戰爭期間的態度（p. 8）。

38. Friedrich A. Hayek, *The Road to Serfdom* (Chicago: University of Chicago Press, reprint ed., 1976, 中文版：《到奴役之路》，殷海光譯，臺北：臺大出版中心，2009).

39. Ibid., pp. 120–121, 122, 128.

40. See José Harris, "Einige Aspekte der britischen Sozialpolitik während des Zweiten Weltkriegs" (Some aspects of British social policy during World War II), in *Die Entstehung des Wohlfahrtsstaats in Großbritannien und Deutschland, 1850-1950* (The development of the welfare state in Great Britain and Germany, 1850-1950), ed. Wolfgang J. Mommsen (Stuttgart: Klett-Cotta, 1982), pp. 255–270.

41. Friedrich A. Hayek, "Freedom and the Economic System," *Contemporary Review* 153 (April 1938); reprinted in enlarged form as *Public Policy Pamphlet* 29, ed. H. D. Gideonse (Chicago: University of Chicago Press, 1938), p. 28.

42. Friedrich A. Hayek, *The Constitution of Liberty* (Chicago: University of

Chicago Press, 1960, 中文版:《自由的憲章》,周德偉譯,臺北:臺灣銀行經濟研究室,1973), p. 256.

43. Ibid., pp. 289–290.

44. Richard Titmuss, *Essays on 'the Welfare State'* (London: Allen & Unwin, 1958), p. 34.

45. James O'Connor, *The Fiscal Crisis of the State* (New York: St. Martin's Press, 1972); 和本書同名的論文刊登於 *Socialist Revolution* 1 (January–February 1970): 12–54.

46. O'Connor, *Fiscal Crisis*, p. 6.

48. Jürgen Habermas, *Legitimationsprobleme im Spätkapitalismus* (Frankfurt: Suhrkamp, 1973, 中文版:《合法化危機》,劉北成譯,臺北:桂冠圖書,1994); and *Legitimation Crisis* (Boston: Beacon Press, 1975).

49. The full title is *The Crisis of Democracy: Report on the Governability of Democracies to the Trilateral Commission*, by Michel J. Crozier, Samuel P. Huntington, and Joji Watanuki (New York: New York University Press, 1975).

50. Ibid., p. 64. Emphasis in original.

51. Ibid., p. 73.

52. 杭廷頓在後來更大部頭的著作 *American Politics: The Promise of Disharmony* (Cambridge, Mass.: Harvard University Press, 1981) 也沒有提到海耶克。這本書將他在 *The Crisis of Democracy* 中的論文的許多主題加以細緻化。

53. See Samuel P. Huntington, "Political Development and Political Decay," *World Politics* 17 (April 1965): 386–430; and *Political Order in Changing Societies* (New Haven: Yale University Press, 1968, 中文版:《變動社會的政治秩序》,張岱云等譯,臺北:時報文化,1994).

54. George M. Foster, *Tzintzuntzan: Mexican Peasants in a Changing World* (Boston: Little, Brown, 1967), chap. 6.

55. 這個主題和我以前處理過的一個題目相關。在 *Journeys Toward Progress* (New York: Twentieth Century Fund, 1963) 一書中,我分析在同時面臨兩種改革議題時,各種促成進步改革的可能性,例如透過滾木、交替結盟等方法。See "Digression: Models of Reformmongering," in chap. 5,

pp. 285–297.

56. See Huntington, *Political Order*, chap. 2; and Stein Rokkan, "Dimensions of State Formation and Nation-Building," in *The Formation of States in Western Europe*, ed. Charles Tilly (Princeton: Princeton University Press, 1975), pp. 562–600. Dankwart A. Rustow在 *A World of Nations* (Washington, D. C.: Brookings Institution, 1967), chap. 4中，探討了各種可能的替代性序列路徑。

57. Albert O. Hirschman, *The Strategy of Economic Development* (New Haven: Yale University Press, 1958, 中文版：《經濟發展策略》，徐育珠譯，臺北：臺灣銀行經濟研究室，1974), pp. 118–119. 這個主題我曾經在1968 年的論文中長篇討論過："The Political Economy of Import-Substituting Industrialization in Latin America," reprinted in Hirschman, *A Bias for Hope: Essayson Development and Latin America* (New Haven: Yale University Press, 1971), pp. 91–96.

## CHAPTER 5 ── 三種命題的比較與綜合

1. 關於馬克思此論述的背景，見 Bruce Mazlish, "The Tragic Farce of Marx, Hegel, and Engels: A Note," *History and Theory* 11 (1972): 335–337.

## CHAPTER 6 ── 從反動到進步的修辭

1. Leslie Stephen, "On the Choice of Representatives by Popular Constituencies," in *A Plea for Democracy*, ed. andintro. W. L. Guttsman (London: Mac Gibbon & Kee, 1967), pp. 72–92. 我在 *Shifting Involvements* (Princeton: Princeton University Press, 1982)中討論了這個論點 (pp. 115–116)。

2. Helvétius, *De l'esprit* (Paris, 1758), p. 53.

3. Alexis de Tocqueville, *L'Ancien Régime et la Révolution*, 4th ed. (Paris, 1860), pp. 238–239.

4. 關於這種烏托邦思想的蓬勃發展，參見 Paul Bénichou 提出的令人印象深刻的說明：*Le temps des prophètes: Doctrines de l'âge romantique* (Paris: Gallimard, 1977).

5. Charles de Rémusat, "Burke: Sa vie et ses écrits," *Revue desdeux mondes* (1853): 453. Emphasis added. 這個重要的文本，引用自 François Furet,

"Burke ou la fin d'une seulehistoire de l'Europe," *Le Débat* 39 (March–May 1986): 65. 福黑認定這個意見的創始者是 Pierre Rosanvallon.

6. Robert C. Tucker, "The Theory of Charismatic Leadership," *Daedalus* 97 (Summer 1968): 75.

CHAPTER 7 ——超越堅持己見的僵局

1. 福樓拜在一八六八年三月寫給他姪女的信：*Correspondance* (Paris: Conard, 1929), vol. 5, p. 367. 福樓拜在評論關於精神與物質孰先孰後的哲學辯論時，下結論說：「簡言之，我發現唯物論和唯心論乃是一體兩面的不切題。」( Bref, je trouve le Matérialismeet le Spiritualisme deux impertinences égales. 譯按：impertinence除了不切題，另有莽撞唐突之意，作者在此顯然一語雙關。) See also Jacques Derrida, "Une idéede Flaubert," in his collection *Psyché* (Paris: Galilée, 1987), pp 305–325.

2. Bernard Crick, *In Defence of Politics*, rev. ed. (Baltimore: Penguin Books, 1964), chap. 1; and Dankwart Rustow, "Transitions to Democracy," *Comparative Politics* 2 (April1970): 337–364.

3. 這一點 Bernard Manin 講得很有說服力："On Legitimacyand Political Deliberation," *Political Theory* 15 (August1987): 338–368.

# 赫緒曼生平大事記與主要著作*

| | |
|---|---|
| 1915.4.7 | 生於德國柏林的猶太人中產階級家庭。父親是外科醫生，於 1933 年死於癌症。 |
| 1923-1932 | 就讀於柏林的法語中學（Französische Gymnasium）。 |
| 1931 | 開始參與社會民主黨青年組織的活動。 |
| 1932-1933 | 就讀於柏林大學（University of Berlin）。 |
| 1933.4 | 為躲避納粹迫害，匆忙離開德國，前往巴黎。 |
| 1933-1935 | 就學於法國高等商學院（École des Hautes Études Commerciales）和巴黎大學統計學院（Institut de Statistique）（大學文憑）。 |
| 1935-1936 | 獲得倫敦政經學院（London School of Economics）的獎學金。 |
| 1936 | 前往西班牙巴塞隆納參加反法西斯內戰。之後前往義大利與其姊（Ursula）及姊夫（Eugenio Colorni）會合，參加反法西斯運動。 |
| 1936-1938 | 就學於義大利的特瑞思特大學（University of Trieste），獲得經濟學博士學位。 |
| 1938-1939 | 在巴黎的經濟社會研究所（Institut de Recherches Économiques et Sociales）與國際知識合作學院（Institut International de Coopération Intellectuelle）擔任經濟研究員。 |

* 譯者根據不同資料來源整理；著作不包括未結集出版的論文，以及以英文之外語文發表的書籍與論文。有興趣的讀者可以瀏覽赫緒曼教授在高等研究院的網頁（http：//www.sss.ias.edu/faculty/hirschman）。

1939.9　第二次世界大戰爆發，以志願軍身份加入法國陸軍。

1940.7–12　在法國馬賽與美國人Varian Fry合作營救反納粹與反法西斯人士。

1940.12–1941.1　徒步越過庇里牛斯山，經過西班牙、葡萄牙；因獲得洛克菲勒基金會的獎助，而前往紐約。

1941–1943　擔任美國加州大學柏克萊分校國際經濟學的研究員（Rockefeller Fellow）。寫作第一本書《國力與外貿結構》（*National Power and the Structure of Foreign Trade*）。

1941.6　在柏克萊與Sarah結婚。

1943　加入美國陸軍；被派遣至北非與義大利；大戰後以士官身份退伍。軍旅期間獲得美國國籍。

1945　出版《國力與外貿結構》（*National Power and the Structure of Foreign Trade*, University of California Press, reprinted 1969; paperback edition with new introduction, 1980）。

1946–1952　在美國聯邦準備委員會（Federal Reserve Board）擔任經濟學家，參與馬歇爾計劃（Marshall Plan）。

1952–1956　前往哥倫比亞首都波哥大（Bogotá），先擔任兩年的政府經濟顧問，然後自己開設私人顧問公司（Albert Hirschman, economic and financial advisor）。

1956–1958　擔任耶魯大學客座研究教授。寫作《經濟發展策略》（*TheStrategy of Economic Development*）。

1958　出版《經濟發展策略》（*The Strategy of Economic Development*, Yale University Press, 1958, reprinted 1978 by the Norton Library; in 1988 by Westview Press）。

1958–1964　擔任哥倫比亞大學國際經濟關係教授。

1961　編輯 *Latin American Issues: Essays and Comments*, Twentieth Century Fund.

1963　出版《邁向進步的旅程：拉丁美洲經濟決策研究》（*Journeys Toward Progress: Studies of Economic Policy-Making in Latin America*, Twentieth Century Fund; reprinted 1973 by The Norton Library with a new preface）。

1964-1967　擔任哈佛大學政治經濟學教授。

1967　出版《發展規劃的考察》(*Development Projects Observed*, Brookings Institution, 1967; re-edited, with a new preface by the author, the Brookings Institution, 1995)。

1967-1974　擔任哈佛大學 Lucius N. Littauer 政治經濟學講座教授。

1970　出版《叛離、抗議與忠誠：對廠商、組織、與國家之衰敗的三種反應》(*Exit, Voice, and Loyalty: Responses to Decline in Firms, Organizations, and States*, Harvard University Press)。

1971　出版《對希望的偏愛：拉丁美洲發展論文集》(*A Bias for Hope: Essays on Development and Latin America*, Yale University Press; reprinted 1985 by Westview Press)。

1974-1985　擔任高等研究院（Institute for Advanced Study，位於美國紐澤西州普林斯頓）社會科學教授。

1977　出版《激情與利益：資本主義在獲勝之前的政治論點》(*The Passions and the Interests: Political Arguments for Capitalism before Its Triumph*, Princeton University Press. Twentieth Anniversary Edition, 1997, by Princeton University Press, with a foreword by Amartya Sen and a second preface by the author)。

1981　出版《跨領域論文集：從經濟、政治、到其他領域》(*Essays in Trespassing: Economics to Politics and Beyond*, Cambridge University Press)。

1982　出版《涉身場域的交替：私人利益與公共行動》(*Shifting Involvements: Private Interest and Public Action*, Princeton University Press)。

1984　出版《社會集體前進：拉丁美洲的草根經驗》(*Getting Ahead Collectively: Grassroots Experiences in Latin America*, Pergamon Press)。

1986　出版《市場社會的敵對觀點及其他晚近論文集》(*Rival Views of Market Society and Other Recent Essays*, Elisabeth

Sifton Books, Viking/Penguin; paperback edition, with new preface, Harvard University Press, 1992）。

1991 出版《反動的修辭：悖謬論、無效論、危害論》（*The Rhetoric of Reaction: Perversity, Futility, Jeopardy*, The Belknap Press of Harvard University Press）。

1995 出版《自我顛覆的傾向》（*A Propensity to Self-Subversion*, Harvard University Press）。

1998 出版《進出邊界》（*Crossing Boundaries: Selected Writings*, Zone Books, New York）。

2007 美國社會科學研究委員會（The Social Science Research Council）設立赫緒曼獎（Albert O. Hirschman Prize）。赫緒曼獎為該委員會最高獎項，歷屆得獎者包括 Dani Rodrik（2007），Charles Tilly（2008），Benedict Anderson（2011）。

2012.12.10 辭世於美國紐澤西州幽蔭鎮綠林安養院（Greenwood House, Ewing Township）。

2013.4 由 Jeremy Adelman 撰寫的《入世的哲學家：赫緒曼的生命與學術旅程》出版（*Worldly Philosopher: The Odyssey of Albert O. Hirschman*, Princeton University Press）。

# 反動的修辭小習作

朱家安

　　人類的思考和溝通，有一大部分是關於未來該如何。就算不談「該廢除死刑嗎？」這種嚴肅話題，「宵夜要吃什麼？」、「（在電玩的脈絡裡）怎樣才能通關？」這些日常話題也都是這類。假設我們在討論時先有了**慣常做法**，那麼討論的方式就會變成「要維持慣常做法嗎？還是要變動？」，像是「今天宵夜還是吃巷口嗎？」、「這次通關要嘗試看看不同策略嗎？」。這類關於要不要採取**變動方案**的討論，就是「反動的修辭」的守備範圍。

　　若慣常做法運作順利，有什麼理由變動呢？你很容易理解這種討論裡支持變動的一方常常需要負起舉證責任，說明現況的問題和變動方案的優點。在這時候，若變動方案其實沒有比較好，邏輯上有幾個可能：

- 變動方案在它欲改善之處反而會造成損害
- 變動方案沒有效果，白花力氣
- 變動方案在其他地方造成損害

　　整體來說，變動方案要嘛有好效果，要嘛沒有效果或有壞效果；若變動方案有壞效果，要嘛這壞效果是位於變動方案當初想改善之處，要嘛位於他處。在這我們很容易理解，上述分類不但對應赫緒曼的「悖謬論」、「無效論」、「危害論」，而且也窮盡了變動方案整體而言不算有好處的所有可能性。

　　赫緒曼把變動方案整體而言不算是帶來好處的情況分成三種形式，這當然不是要告訴我們說，凡是符合這些形式的說法都是錯誤的，而是藉由分類來方便大家理解和討論。

　　這種將說法分類的做法，在批判性思考課堂上很常見，教師區分出各種不同的「謬誤」，協助學生偵測有問題的說法。然而，要舉出典型的某種謬誤很容易，但現實生活往往比教科書複雜很多，面對真實出現的說法，它們裡面到底有沒有謬誤？如果有，該如何指認和說明？這才是困難的問題，也是為什麼赫緒曼花了一整本書，分析這三種修辭形式及其相關案例。值得注意的是，雖然名為「反動的修辭」，但這三類修辭形式當然不只有保守、反動的人會犯，相較之下進步、自由派也可能犯下。作為分析論證的工具，「反動的修辭」不分立場、守備範圍很大，這更增加了我們掌握此工具的理由。

　　以下我舉出台灣社會議題討論裡的常見說法，並說明我的分析，大家可以當成一個練習，要旨並不在於那些說法是

否算是某種謬誤，而是在於：不管你的看法如何，能否提出
明確具體的說明來讓別人理解呢？

## ▶ 悖謬論：變動方案在它欲改善之處
反而會造成損害

### ● 封城

全世界陷入傳染病疫情，少數國家堅持了一年，也開始
出現確診者。面對緊張擔憂的民眾，有都市首長建議採
取封城等強硬方案，主張要法律強迫所有人來配合各種
生活防疫細節，畢竟抵抗傳染病需要大家協力。但也有
人不同意，他們認為：
防疫是長期抗戰，政府可以強制規定防疫細節，但也要
人民能夠配合才有用，如果規定得太嚴格，人們無法認
同和貫徹，反而容易引起反抗和恐慌，導致反效果，例
如搶購食品用品造成群聚、移動到外縣市等等，這些都
會增加感染機會。

### ● 詞彙

到底怎樣才是恰當的稱呼？「外勞」還是「移工」？「護
士」還是「護理師」？「妓女」還是「性工作者」？「西藏」
還是「圖博」？「回教」還是「伊斯蘭教」？政治正確已
經讓我們連語言都難以使用了嗎？有些人對這些「政治

正確詞彙管理」不以為然，他們認為：
自由和平等當然很重要，反壓迫也是。但是這些都不是換個詞就能解決的。若你真心歧視外勞，稱呼他們「移工」並不會改變這一點。反而，這些禮貌的詞彙可能會被用來為歧視擦脂抹粉，讓我們更難察覺和阻止歧視。

藉由指出悖謬論的存在，赫緒曼提醒我們注意「驕傲導致報應論」（人類改變世界之後過於驕傲並為此付出代價）的危險，並且避免草率的把變動方案的部分風險以偏概全成整體結果。

在「封城」案例裡，爭論焦點在於情勢是否已經危險到需要使用封城這種強度的方案。值得注意的是，不管採取哪種防疫方案，都需要夠多民眾願意配合才會有效，因此說服大眾「考慮目前情勢，這個方案是合理的（甚至是不可避免的）」也是方案產生預期效果的必要條件。在這裡，「悖謬論者」的論點就可以讓我們注意到：若大眾對於當前情勢的認知，和支持封城者的認知不同，甚至有劇烈差距，那麼我們應該進一步考慮：

1. 給定當下情勢，哪種認知比較合理？
2. 假設支持封城者的認知比較合理，要怎樣才能說服夠多民眾，讓封城能達至預期效果？

「詞彙」案例探討哪些方案有助於減少歧視，而悖謬論者提出的疑慮初步看來都很合理，也指出值得進一步商榷之處，畢竟我們不能期待：光靠改變對於某族群的稱呼，就讓社會不再歧視該族群。

然而，如果我們注意到「改變稱呼」並不是萬靈藥，而是消弭歧視的漫漫長路當中的一小步，也可以理解上述「疑慮」指出的並不是改變稱呼這個方案本身的問題，而是在這方案之外，我們需要做的其他事情。例如人類很有創意，能用各種語言表達歧視，所以我們一方面抵抗那些明目張膽表達歧視的語言，另一方面也應該注意那些看起來很有禮貌但卻暗藏歧視的說法。不過不管怎樣，我們大概都很難主張：既然稱呼女性的性工作者為「性工作者」依然無法確保他們不受歧視，那就乾脆還是稱呼他們為「妓女」吧，沒關係的。

## ▶ 無效論：變動方案沒有效果，白花力氣

### ● 教改

台灣教育一直在改變，九年一貫、十二年國教、多元入學、108課綱，體制內的老師每隔幾年就有新做法要適應。然而這些改動有道理嗎？有些人的看法相當悲觀，他們認為：

台灣教育的問題在於求職壓力帶來升學主義，升學主義帶來走捷徑的補習文化，學生學到如何在考試拿高分，

而不是如何運用知識於生活。若求職壓力和升學主義帶來的「考試領導教學」不改變，教改怎麼改都沒用的。

## ● 娛樂用藥

人不理性，會被慾望引誘去做整體而言對自己不利的事情，而政府的責任之一是阻止這些情況發生，所以我們得要禁止像是電子菸這樣未經檢驗的東西，來維持民眾的健康。不過有些人有不同看法，他們認為：

你沒辦法抵抗人的慾望，也沒辦法抵抗市場，你可以讓電子菸入罪，但這只會讓電子菸的買賣地下化，你會錯失控管機會，讓大家抽的東西變成真的未經檢驗。（在你閱讀本文時，若電子菸已經不再是適切的案例，你可以換成其他類似的東西）

對赫緒曼來說，無效論出於人類企圖改變不可能改變的事物：人類忽略了社會運作的某種原理，因而誤以為變動方案會有效。要判斷無效論者的意見是否有道理，我們可以評估他們對「社會原理」的說明，並且比較其他線索。這個權衡可能很困難，因為我們面對的是「某項改變社會的方案會有什麼結果？」這樣的大問題，但如果無效論的意見能提供洞見，讓我們看到過去忽視之處，那對思考就有幫助。

以「教改」來說，無效論者指出的「社會原理」是：求職壓力帶來升學主義，升學主義帶來考試領導教學，這讓教

改不會有效果。若這說法為真，那教改只是枉然，因為我們以為是教育問題的問題，其實是經濟問題。然而無效論者的質疑也指出進一步探究的方向：

1. 若求職壓力不變，有機會舒緩升學主義嗎？例如說：更自由的跨校選課系統和結業證明、入學門檻低和畢業門檻高的設計等等。
2. 給定考試領導教學，我們有機會設計出更聰明的考法，來考出教改想要的素養嗎？

由上述方向，我們更容易看出：社會討論不是戰爭而是合作，雙方立場不同，更可以互相看見對方的盲點，激盪出過去沒想到的點子。

在「娛樂用藥」案例裡，無效論者強調：若需求不變，那管制市場只會改變交易方式。或許這說法某程度上為真，不過顯然並沒有阻止現代社會許多國家管制各種東西，例如槍枝、毒品和安樂死，以這些東西來說，我們大可以承認「檯面下的交易」都存在，但沒有頻繁到讓我們認為管制毫無意義。給定這種現況，在這案例裡，無效論者需要指出電子菸和上述東西的重要差異，才好進一步主張對於電子菸的管制會無效到白花成本的程度。

從上述討論，我們知道可以簡單的觀察結果來確認變動方案有沒有效果，這一點也可以回過頭來協助我們檢視「教

改」。台灣教改幾十年來，學生的學習情況有什麼改變？教育資源的城鄉差距減少還是增加？階級流動有什麼變化？這些都是可以用來確認教改效果的線索。

## ▶ 危害論：變動方案在其他地方造成損害

在台灣，危害論常用來回應各種違反「傳統價值」的變動，例如：

- **文言文**

  若減少國高中文言文比例，年輕人學不到聖賢思想，會道德沉淪。

- **制服**

  教育部規定學校不能因為服儀處罰學生，這會讓小孩成為沒規矩的人。

- **同婚**

  同性婚姻和性教育則讓我們的下一代變得淫亂，我們會不知道怎麼教小孩，社會規範會崩解。

照赫緒曼的說法，危害論經常伴隨著「這個新的會扼殺那個舊的」的預言，這些預言聳動、容易瘋傳，但這些特色

都跟真實性沒有正相關，或至少需要進一步舉證。因此，面對危害論的方式，很大程度跟如何求證有關。

在「無效論」的討論裡，我們探索了各種判斷變動方案效果的方式，藉由「道德淪喪」，我們可以進一步思考，如何發想「對照組」來比較：

1. 若文言文的學習量會影響道德表現，那我們應該預期讀了比較多文言文的人，做出更多好事、更少壞事。我們可以想想社會上有哪些現成的例子可以驗證這個假說：中文系學生嗎？或者國高中的國文老師？

2. 若服儀約束有助於端正學生的品行，或許我們可以觀察那些服儀約束嚴格程度不同的學校，看看他們教出來的學生有什麼差別。然而，在觀察和評估的時候應該要注意：我們是在協助學生成為他們想要的樣子，而不是我們想要的樣子。

3. 同性婚姻和性教育會讓下一代變得淫亂嗎？如果下一代真的很淫亂，這究竟有多糟？如果你真的很想知道，或許可以觀察那些比台灣更早通過同性婚姻，並實施性教育的國家，例如加拿大和法國。

把什麼東西看成危害，以及從哪裡看出因果關係，會受到我們立場的影響。如果你同時討厭年輕人不敬老尊賢又不讀文言文，那把它們其中一方說成另一方的原因，對你來說

就會很有吸引力。注意這些人人都有的思考傾向，就更能抵抗聳動預言的引誘。

## ▶ 讀懂修辭，掌握未來

人類是修辭的動物，我們會因為別人講同一件事情用了不同的說法，而有不同的心理反應。例如，相較於簡單的「修辭會影響人」，「人類是修辭的動物」這種看起來像是金句的句子，往往更有說服力，即使這並不合理，因為後者的口氣比前者更大，成立的可能性應該更小。

當我們注意修辭，我們是在注意自己如何認知世界、如何思考、會被什麼給影響和打動。這在現代民主社會特別重要，即便不見得透澈掌握其意義，我們也都熟悉「資訊戰」、「民粹」、「假新聞」這些詞彙，知道眾人的判斷影響社會的未來。民主不保證帶來最好的判斷，如古希臘雅典由老男人領軍的民主政體，造就了蘇格拉底的死刑。但若我們多一點思考工具、多一點謹慎反思，或許我們的判斷和我們的未來都會更好一些。

# 索引

THE RHETORIC OF REACTION by Albert O. Hirschman
Copyright © 1991 by the President and Fellows of Harvard College
Published by arrangement with Harvard University Press
through Bardon-Chinese Media Agency
Complex Chinese translation copyright © 2021 by Rive Gauche Publishing House,
an imprint of Walkers Cultural Enterprise, Ltd.
ALL RIGHTS RESERVED

左岸政治　324

# 反動的修辭（2021年新版）悖謬論、無效論、危害論
## The Rhetoric of Reaction　Perversity, Futility, Jeopardy

| | |
|---|---|
| 作　　　者 | 阿爾伯特‧赫緒曼（Albert O. Hirschman） |
| 譯　　　者 | 吳介民 |
| 總 編 輯 | 黃秀如 |
| 校　　　對 | 廖　美 |
| 特約編輯 | 王湘瑋 |
| 行銷企劃 | 蔡竣宇 |
| 美術設計 | 黃暐鵬 |
| 內頁圖片提供 | 廖美、吳介民 |

| | |
|---|---|
| 社　　　長 | 郭重興 |
| 發行人暨出版總監 | 曾大福 |
| 出　　　版 | 左岸文化／遠足文化事業股份有限公司 |
| 發　　　行 | 遠足文化事業股份有限公司 |
| | 231新北市新店區民權路108-2號9樓 |
| 電　　　話 | (02) 2218-1417 |
| 傳　　　真 | (02) 2218-8057 |
| 客服專線 | 0800-221-029 |
| E - M a i l | rivegauche2002@gmail.com |
| 左岸臉書 | facebook.com/RiveGauchePublishingHouse |
| 法律顧問 | 華洋法律事務所　蘇文生律師 |
| 印　　　刷 | 呈靖彩藝有限公司 |
| 二版一刷 | 2021年8月 |

| | |
|---|---|
| 定　　　價 | 350元 |
| I S B N | 978-986-06666-6-3 |
| | 9789860666670（PDF） |
| | 9789860666687（EPUB） |

歡迎團體訂購，另有優惠，請洽業務部，(02) 2218-1417分機1124、1135

反動的修辭：悖謬論、無效論、危害論（2021年新版）／
阿爾伯特‧赫緒曼（Albert. O. Hirschman）著；吳介民譯
. − 初版. − 新北市：左岸文化；
遠足文化事業股份有限公司，2021.8
　面；　公分.−（左岸政治；324）
譯自：The rhetoric of reaction: perversity, futility, jeopardy.
ISBN 978-986-06666-6-3（平裝）
1.保守主義 2.民主政治 3.社會福利 4.歷史
570.11509　　　　　　　　　　110012008

本書僅代表作者言論，不代表本社立場